詩 · 꽃을 품다

김 강 회 시집

문학 춘하추동

첫 시집 『詩 · 꽃을 품다』를 펴내며

시를 쓰는 여정은 늘 고요하고도 고독했습니다.
6년의 세월, 수없이 쓰고 지우며 내면의 침묵과 마주했고, 시의 본질에 대해 끝없는 질문을 던졌습니다.
"시는 쓴다, 그러나 시어는 울지 않는다."
이 문장은 시를 쓰는 나에게 언어의 무력함을, 감정이 시어에 온전히 담기지 않는, 어떤 한계를 일깨워 주었습니다.

마른 펜 끝, 길 잃은 단어, 감성이 메마른 강
시의 창작은 때로 척박한 대지 위를 걷는 일처럼 느껴졌고, "감성의 강은 메말라 먼지만 날리네"라는 절망의 문장 앞에, 나는 몇 번이고 멈춰 서야 했습니다.
그러던 어느 날, 문득 자연을 바라보았습니다.
그 속에서 나는 깨달았습니다.

"자연은 시로 말하고 있었다

시는 입으로 말하지 않더라."
시란, 말로 완성되는 것이 아니었습니다.

존재 그 자체로 느껴지고, 감각되는 것, 언어 이전의 언어, 마음 깊은 곳에서 일렁이는 무언의 공명이었습니다. 그래서 나는 이제, 심장의 화폭에 시어를 그려 마침내 마음으로 말하기 시작합니다.

이 시집은, 그 조용한 울림의 첫 시작입니다.
부디 이 시들이, 독자의 마음에도 작은 진동으로 닿기를 소망합니다.
"제 1집 詩, 꽃을 품다"를 출간하면서 고통. 기쁨. 해학과 좌절이 고스란히 담겨져 있습니다.

목차

제1부 : 시어를 줍습니다 ······1
詩 · 꽃을 품다 ······2
천생연분 ······3
산란의 진통 ······4
날개 없는 천사 ······5
절망의 늪지대 ······6
가자니아의 순징 ······7
우선국(아스타) ······8
함박 눈꽃 축제 ······9
새봄이 피어날 때 ······10
봄의 여정 ······11
오돌목의 회오리 ······12
꽃시인의 근원 ······13
사랑의 엇 박자 ······14
마음이 걷는 길 ······15
작약꽃의 맹세 ······16
진위천의 추억 ······17
설원에 핀 동백화 ······18
가을의 속삭임 ······19
봄이 걸어오는 소리 ······20
첫눈의 추억 ······21
소풍 ······22
프렌치 메리골드 ······23
모정(母精) ······24
문명의 혜택 ······25

2부 : 한 줌 흙으로 스러진다 해도 ·········· 27

- 그늘의 자리 ·········· 28
- 하늘의 울음소리 ·········· 29
- 사월의 기상이변 ·········· 31
- 사랑의 기도문 ·········· 32
- 임종 전, 어머니의 고백 ·········· 33
- 까치집 ·········· 35
- 플루메리아 꽃 ·········· 36
- 풍어가 ·········· 37
- 소생(蘇生) ·········· 38
- 해운대의 여인 ·········· 39
- 시인의 집 ·········· 40
- 그대라는 꽃 ·········· 41
- 사랑의 불꽃이여 ·········· 42
- 인생의 동반자 ·········· 43
- 빛과 소금 ·········· 44
- 메리골드의 마음 ·········· 45
- 훈육의 목소리 ·········· 46
- 시향의 종소리 ·········· 47
- 사랑의 주방공간 ·········· 48
- 수선화의 유래 ·········· 50
- 새해 아침 ·········· 51
- 천생연분의 시발점 ·········· 52
- 사랑의 걸음걸이 ·········· 53

제3부 : 실개천 바람 따라 ·········· 55

- 가을바람 ·········· 56
- 진위천, 그 겨울날 ·········· 57
- 금계국 ·········· 58
- 가을의 수채화 ·········· 59

바다는 가족을 먹여 살리는 밭이다 ·············60
흙과 농부의 마음 ································61
하남의 변천사 ···································62
북한산의 전설 ···································63
미스김 라일락 ···································64
결혼의 열매 ······································65
소소한 행복 ······································66
늦가을의 경계선 ································67
사랑은 운명이어라 ·····························68
우정의 정원 ······································70
소진되어 가는 몸 ·······························71
만추(晩秋)의 기쁨 ·······························72
부활의 꿈 ···73
논갈이의 눈물 ···································74
불변의 사랑 ······································75
하나님의 사랑 ···································76
페츄니아의 사랑 ································77
인생의 곡예사 ···································78
고뇌(苦惱)의 틈새 ·······························79
일상(日常)의 탈출 ·······························80
애수(哀愁)의 한가위 ····························80

제4부 : 멈출 수 없는 바람 ·············83
사랑의 약속 ······································84
붉은 연정 ···85
봄의 소리 ···86
석죽화의 노래 ···································87
후회 ··88
엄마 꽃 ··89
튜울립 꽃 ···90

선유폭포의 비경 ·············91
운명의 여인 ·············92
이슬방울 ·············94
신념의 참빛 ·············95
가을이여 안녕 ·············96
운명의 꽃 ·············97
아미타 대불의 미소 ·············98
사랑의 연(緣) ·············99
아내의 둥지 ·············100
문명의 해택 ·············101
동심의 추억 ·············102
독자와의 언약 ·············103
백목련화 ·············104
민족의 새 ·············105
결혼의 언약식 ·············106
연정의 참 빛 ·············107
물레방아 연정 ·············108
천연의 왕방계곡 ·············109

제5부 : 효(孝)라 이름 붙인 그 조용한 울림 ······111

지리산의 여정 ·············112
눈물로 쓴 인생 여정 ·············113
효(孝) 그리고 후회와 깨달음 ·············114
평화의 소녀상 ·············115
겨울이 부르는 청국장 내음 ·············116
창작의 고통 ·············118
소망의 빛 ·············119
바다 향기 수목원 ·············120
금수강산의 울음소리 ·············121
북풍 한파에 숨결 ·············122

이태원의 그날 ············123
가을 무도회 ············124
칠월의 행진곡 ············125
해녀의 일상 ············126
연단의 꽃 ············128
연시의 사랑 ············129
고사목에 핀 꽃 ············130
그대는 여름이었다 ············132
Chhetri Pabi ············133
캘리그라피 ············134
여정의 시계꽃 ············135
안부(安否) ············136

제6부 : 멍울진 그리움 ············139

야속한 세월 ············140
무지갯빛 연정 ············141
오백 년의 세월 ············142
시 꽃은 향기롭다 ············143
겨울속에 여름 ············144
침몰하는 범선의 꿈 ············145
운명의 연리지는 향기롭다 ············146
야인의 꿈 ············147
사랑의 추억 ············148
실개천의 느티나무 ············149
눈물의 기도 ············150
시인이 되어가는 길 ············152
진흙 속에 핀 연꽃 ············153
민족의 혼이여 깨어나라 ············154
통일, 그날의 염원 ············156
서리꽃 ············158

평설과 축하 글 ·················159

순백의 꽃을 품은 사랑의 미학(송미순) ··········160
꽃으로 피는 사랑의 시인(윤외기) ···············187
시의 씨앗, 꽃이 되다(장지연) ·····················189
새로움을 모색하는 미래지향의 시인(김석철) ···193
"詩 꽃을 품다".(김형국) * ····························195

1부

시어를 줍습니다

詩 · 꽃을 품다

하늘이시여, 빌고 또 빕니다
내 시 한 줄이 꽃처럼 피어
세상의 슬픔에 향기 되게 하소서

눈물로 가득한 이들의 마음에
환한 미소 하나 피어나고
그 웃음이 곧 나의 시가 되게 하소서

고요한 고독의 길 위에서
나는 오늘도 시어를 줍습니다
침묵 속에 들리는 감성의 표현이

누군가의 가슴에 시 꽃이 맺히고
잠시라도 위로가 된다면
그 순간 나는 시인이 되어갑니다.

천생연분

파도가 출렁이는 송도의 해안가
민들레 홀씨 하나가
소슬바람에 날려와 새싹이 돋아난다

온 세상을 돌고 돌아서
오직 하나만 존재하는 그대의 자태
마음의 문이 열리고, 가슴속에 다가와
사랑한다 밀어를 속삭여줍니다

따스한 가슴은
온정이 솟아나게 하고
헌신적 내조가 사랑을 잉태하여
나만의 연인이 되어버린 그대여

창공에 휘날리는 원앙새 되어
사랑을 노래하고
마음속 숨결로 전해지니
그대와 나 사이 민트향만 풍기더라.

산란의 진통

졸졸졸
실개천 돌 틈 사이
회귀 본능의 임은 다시 찾아온다

수양버들가지 늘어지는
춘 사월

개나리꽃 만발할 때
산란을 위해
험준한 물줄기를 거슬러 올라오는 잉어 떼

종족 보존의 긴 여정
드넓은 바닥에
장엄한 행렬의 모성애가 이어진다.

날개 없는 천사

우주의 공간에 반짝이는 별을 보았지
그 별의 눈부신 후광이
음지를 비추는 빛이 되어 주었네

폴라리스여, 기뻐히여리
기부는 마중 같은 샘의 물줄기
절망의 터널을 관통하는 불꽃이어라

일어나라
성심을 밝히는 등불이여
선의와 나눔이 생동함을 알게 해주라

사랑의 불꽃이여 활활 타올라
온정의 손을 잡고 또 잡아서
적막강산, 희망의 촛불을 점화해 다오.

절망의 늪지대

임이시여
현실의 극한 환경에 아파하지 말아요
인생길 걷고 걸어가다 보면
때로는, 톡 튀어나온 돌부리에 넘어지어
고통 속에 몸부림치고
상흔의 흔적에 신음하고 신음하더라
절망하지 말아라
두려워하지 말아요
어둠 속 긴 터널에
희망의 작은 불꽃이 비추어지느니라
빛을 따라 무언 속에 걸어가 보라
걷고 걸어가다 보면
희망이란 새 빛이 비치더라
절망을 몰고 온 과거를 회상하라
그리고, 느끼어봐라
도탄에 이루게 하는 원흉의 매개체를 되새김질하여
눈물방울, 그릇에 담아 삼키어 마시라
몸부림치고, 울부짖던 수많은 날
시간이 흘러가면 명약이 되어 태동하더라.

가자니아의 순정

저녁노을이 지면
새색시는 고운 자태를 가리고
수줍은 듯 고개를 떨군다
밝은 빛이 비칠 때 드러나는 순결한 민낯

사랑이 피어나는 화원의 새 신부여
오색 찬란한 옷을 입고
곱고 고운 얼굴로
희망의 아침 빗장을 열어본다

실오라기 사이로 비친 가녀린 몸매
화사한 꽃 화관을 머리에 쓰고
눈웃음 짓는 해맑은 미소로
부끄러운 듯 얼굴을 가린 채 수줍어한다

우선국(아스타)

보이지 않은 마음을
말로다 표현할 수가 없지만
그대 사랑이 뜨겁게 숨을 쉬고 있어요

하루에도 수없이
내 마음 안에 들어와서
함께 나눔을 느낄 수가 있어서 행복합니다

종(種)과 학명(學名)을 초월한
뜨거운 심장으로 만난 연인
몸은 과꽃이요
꽃은 국화의 소국이더라

산모퉁이 길가에
군락을 만들어 살아가는 우리 가족
해맑은 미소로 행복을 노래한다.

함박 눈꽃 축제

오라
백설의 꽃이 만연하게 피었구나
후자(後者)가 말하기를
이것을 첫눈이라 말한다지요
둔탁한 세상의 무딘 마음을
정결한 백옥이 덮여져 가니
가히 천국의 낙원이 따로 없소이다
남들은 교통지옥을 만들고
험준한 여정을 만든다고 말한다지요
훨훨 날리어라
첫눈에 묻어둔
사랑의 추억이 되살아난다
자연의 신비로운 섭리에 도취하여 가니
무릉도원에 핀 꽃이
부아산의 설경화 한 폭에 견주겠냐.

새봄이 피어날 때

바람이 지나간 자리마다
마른 가지에 물기가 오르고
흙 속 깊은 곳에서 생명이 움직인다

남쪽 산등성이부터
산수유와 진달래가 줄지어 피어나고
골짜기에는 맑은 물이 다시 흐른다

들판에는 겨우내 눌려 있던 흙이 들리고
먼 하늘 아래 논두렁에도 숨결이 번진다
새들은 북쪽을 향해 날아오른다

계곡 바위틈에 이끼가 퍼지고
바다를 향한 바람에도 온기가 실리니
겉잎을 밀어낸 나무들이 햇빛을 받는다

산과 들, 물과 하늘이 함께 열린다
기다려온 마음들이 제자리를 찾고
자연은 봄의 언어로 말하기를 시작한다.

봄의 여정

들리시나요
꽃샘추위에 핀 설경의 꽃
어기정 걸어오는 봄의 소리
귀를 쫑긋 세워 들어봐요

보이시나요
들녘에 피어오른 아지랑이 웃음
낡은 옷을 벗어 버리고
새 옷을 갈아입어 보라 말합니다

봄이 오는 길목 선상에 핀
생강나무와 산수유꽃
생태계를 동면에서 일깨우고
신비한 봄의 문을 활짝 열어갑니다

나무줄기마다 돋아난 새순이
희망의 함성 외치고
행복의 미소만 번져나갑니다.

오돌목의 회오리

간조와 만조 사이, 너와 내가 엇갈렸지
울돌목 거친 물살에 마음은 윙윙 울고
보고픈 마음, 그 틈사이 사랑이 새어 나왔어

먹구름처럼 쌓인 말들이 눈물로 흐르고
우린 서로를 향해 다시 기도했지
밤바다도 우리 목소리를 들었을 거야

차가운 말들 위로 빙하가 덮였던 마음
조심스레 두드려보니 아직 따스한 숨결
그 속에서 다시 사랑이 피어나더라

태산 같던 오해도 손을 맞잡으니 낮아지고
얼기설기 묶였던 마음들이 천천히 풀려
우린 회오리 속에서도 끝내 마주 섰다.

꽃 시인의 근원

비바람은 늘 시보다 먼저 다가왔다
등을 돌리는 계절 앞에
나는 나조차 피워낼 수 없었다

굽이신 삶의 골목나나
버려진 시어들이 눈처럼 쌓였고
그 속에서 울음마저 얼어붙었다

서명의 빛이 다가오던 그날
누군가의 고요한 숨결이
내 감성 공간에 작은 싹을 틔웠다

말 없는 손길,
바람처럼 스며든 따뜻한 이름 하나가
잊힌 문장을 다시 피워 올렸다

꽃이 피기 전의 시는
언제나 외로움의 연속
처절한 사투속에 시인이 되어간다.

사랑의 엇 박자

마음에 핀 자욱한 안개
자아가 만들어낸 부산물은
상흔의 흔적만 정적을 감돌게 한다

다툼 속 얼룩진 광란의 밤
망각의 다리를 건너와
무언의 옅은 미소를 띄웁니다

여리고 가냘픈 그대
아파하는 그 모습
눈물로 살포시 안아준다

사랑의 이파리는
고운 손길로 다듬어가고
연정의 향기만 짙게 피어납니다.

마음이 걷는 길

길을 걷다가 잠시 멈췄다
찬바람 속에서 작은 잎이 흔들리고
아무 말 없이 시간이 지나간다

한때는 웃음이 많았던 그곳
지금은 대화의 목소리가 줄어들고
서로의 눈을 자주 피한다

낯선 얼굴들 속에서
익숙한 마음이 나를 바라본다
따뜻한 기척이 천천히 다가온다

무겁던 하루가 가볍게 느껴진다
괜찮다고 말하지 않아도
마음이 조금씩 열리는 날이다

그렇게 오늘도
아주 작은 일이 나를 살게 하고
나는 다시 누군가에게 닿는다.

작약꽃의 맹세

살이 닿을 듯한 바람에
연분홍 잎맥이 떨립니다
초심의 발걸음은 언제나 고요합니다

햇살이 등을 쓰다듬자
작은 입술처럼 꽃잎이 벌어지고
숨결로 전해지는 사랑이 있습니다

흙 내음 사이로 스며든 호흡
피어나며 앓는 붉은 빛 하나
아직 부끄러운 마음이 살고 있습니다

좌전고개 사이의 언덕 끝자락에서
작약은 고개를 숙이고
무언의 맹세를 다겹 꽃잎에 감춥니다.

진위천의 추억

진위천 물비늘 위로
철부지 웃음이 튀어 오르고
노을은 슬며시 어깨를 감싼다

솥단지 들고 다리 밑으로
경운기 소리 저녁을 흔들고
횃불 아래 물고기 숨을 죽인다

돌 틈에 숨은 반짝임들
한 마리 두 마리 그릇에 담기고
매운탕 냄새가 바람에 퍼진다

허기는 군침으로 넘기고
우정은 국물처럼 깊어지며
가슴 속 진위천이 졸졸 흐른다

그립다, 그 시절 그 얼굴들
진목교 아래 다시 모여
추억의 시간을 끓여보면 어떨까.

설원에 핀 동백화

새벽 입김 속, 하늘은 하얀 숨을 토하고
하늘가엔 사랑이 눈송이로 내려온다
잊힌 마음 위에 조용히 내려앉아
백설의 첫 발자국에 파문을 남긴다

그대는 순결한 결을 두른 겨울의 사제
고요 속, 연심을 품은 눈의 성소
하얀 숨결 속엔 말 없는 기도가 피어나고
그리움은 꽃망울로 설원에 번진다

한 걸음, 또 한 걸음, 바람은 기억한다
그대의 체온을, 눈빛 닿은 그 자리를
작은 붉은 숨이 차가운 들판에 피어나
그곳에서 봄의 심장이 뛰기 시작한다

외로운 새 한 마리, 바람 속을 쪼며
남겨진 향기를 따라 노래를 삼킨다
꽃도 꿀도 없이 다가선 그 순간
가장 따뜻한 것은 눈 속의 그리움이었다.

가을의 속삭임

바람은 노을을 머금은 시인의 입술
은빛 들판에 사랑을 수놓고
낙엽은 고백처럼 내 마음에 내려앉는다

길대는 누군가의 긴 한숨을 흔들고
강물은 지나간 계절을 노래하며
햇살은 마지막 편지를 쓰듯 창백하다

붉게 물든 단풍은 타오르던 순간의 기억
한 줌 그리움이 되어 산허리를 감고
멀어지는 발자국은 시월의 끝을 수놓는다

소국 향기는 잊힌 이름을 부르고
달빛은 그 이름에 입 맞추듯 고요히 흐르며
서리는 이별의 맨살에 잠들어 버린다.

봄이 걸어오는 소리

그대의 발소리는
기억 저편 마른 가지에 스며들어
바람결 따라 되돌아옵니다

순백의 겨울이 머물던 자리
살얼음 아래 감추었던 숨결은
어느새 흐드러진 물빛이 되었지요

그리움은 자주 돌아보게 하여
빈 의자에 앉은 침묵마저
당신의 체온을 닮게 합니다

남쪽 언덕을 타고 온 햇살이
고요한 산등성이를 쓰다듬으며
새 이름 하나, 피워 올립니다

연분홍 치맛자락 펄럭이며
노란 고깔 쓴 봄이
처연히, 그러나 찬란히 다가옵니다.

첫눈의 추억

새벽녘에
사랑의 함박눈이 내린다
순백의 따스한 심성을 가진 눈

당신을 향해 내디딘
첫 발걸음이
잔잔한 물결로 출렁이게 한다

백의 천사 가슴속에
연모의 정을 심어놓고
백설의 광야에 사랑의 배를 띄운다

한걸음 한 발짝
남겨진 임의 발자취
체취의 향기 따라 사랑가를 불러본다.

소풍

사십팔 년 전
장롱 일각(一刻), 고이 잠들어 있는
빛바랜 동심의 추억 한 자락

손에 손잡고 동요를 부르며
천덕산을 향하여
어린 시절의 꿈 꾸던 야외 나들이

눈깔사탕과 신기한 맛의 사이다
일 년 두세 번 먹든 꿀맛 나던 김밥
어머니의 정성이 담긴 그립던 그 맛

남촌 초등학교 친구들아
그날의 기억이 떠오르냐
우정 그리고 동심이 잠들어 있는 그때가.

프렌치 메리골드

바람에 흩어진 그대의 향기는
잊었다 믿은 날들을 깨우고
내 마음 한켠, 다시 피어난다

한 송이 꽃잎으로도
그대는 끝내 지지 못한 채 머물러
기억 속 계절을 다시 불러온다

노을은 지고 어둠이 와도
그대의 이름을 닮은 향기만은
긴 밤을 건너 나를 안아준다

지워질 줄 알았던 그리움도
결국엔 희망이 되었다는 듯
반드시 그 사랑은 다시 피어난다.

모정(母精)

대문 틈 사이로 바람이 서성입니다
어머니 그림자는 달빛속에 녹아들어
내 이름을 부르는 숨결만 남았습니다

별빛 한 줌에 어머니를 담아봅니다
고요한 밤이 눈물처럼 흐르고
기억은 자꾸만 시간을 거슬러옵니다

이마를 쓰다듬던 손길이 그립습니다
주름진 손바닥에 담긴 온기가 흐르고
내 마음은 여전히 그 품에 머뭅니다

세상이 바쁘게 돌아가도
어머니의 향기는 늘 나를 멈추게 하고
그리움은 매일 꽃처럼 피어납니다

천 년이 흘러도 변하지 않을
그 이름 하나, 어머니
내 삶의 시작이자 끝인 분입니다.

문명의 혜택

축축한 눈을 짙게 머금은 함박눈이
먹구름 사이로
핵 폭죽의 불꽃 잔해가 되어

솔솔 불어오는 바람에
덩실덩실 날개옷을 입고 하강하네

관측 사상 일백십칠 년 만에 최고의 폭설
한밤중을 밝혀주던, 전기라는 녀석
백설의 중압감에 견디다 못해 떠나가네

암흑천지에 갈팡질팡하던
보일러는 이별을 고하고
한랭의 기운만이 살갗을 파고든다

아아
이천이십사 년 슬픈 겨울밤의 현실
과학 문명의 고마움에 살아가련다.

26 詩, 꽃을 품다

2부

한 줌 흙으로
스러진다 해도

하늘의 울음소리

엄동설한이 세상을 뒤덮던
십일월 십오일
천사의 날개를 입은 어머니께서
수의를 차려입고 고요히 소천하시다

평안하고 온유한 얼굴로
세상의 모든 근심을 내려놓으시고,
육 남매의 통곡만이
영전(靈前)을 적십니다

사랑의 중심을 잃은 채
그저 흘러내리던 눈물은
불효한 자식이
한을 토해내는 울음이었습니다

그립습니다
용기를 주시던 위로의 말씀 한마디가
보고 싶습니다
자애로우셨던 어머니의 미소가

언제나 제 곁에 머물며
태산처럼 든든한 존재가 되어주신 어머니
그 사랑의 숨결을
가슴 깊이 묻어둡니다

사랑이여,
영원한 내 사랑이여
어머니의 따스한 살냄새가
지금도 제 가슴속에서 요동칩니다.

그늘의 자리

태양은 붉은 숨을 내쉬고
나는 그늘을 들고 멈췄다
빛 속에 향기 하나 앉아 있었다

바람은 계절을 지우며 와서
백합의 숨결로 그녀를 데려오고
장미의 열정이 내 안에 피었다

우리는 마주 앉은 적 없으나
그녀의 웃음은 나를 향했고
나는 그 자리에 뿌리내렸다

사랑은 떠난 자리를 비우지 않고
오래된 빈 의자처럼 그늘이 되어
내 삶을 천천히 감싸고 있었다.

사월의 기상이변

좌전 고갯마루에
연분홍 벚꽃이 만발하게 피어나고
녹조봉 능선에 진달래꽃이 미소를 짓다

초여름인 듯 다가오는 체감온도는
석양의 붉은 노을이 지고 나니
눈과 비의 사이에 갈팡질팡하네

창공은 먹구름만 춤을 추며
때늦은 한파에
과수의 꽃잎이 설빙 화로 낙하 하여

황금 수확을 꿈꾸던 과수농가
눈물 썩인 소리가 지축을 흔들고
생태계가 절기를 잊은 채 방황하는구나.

임종 전, 어머니의 고백

비 내린 바람이 가슴속에 스미던 오후
당신의 이름을 불러보았습니다
그 한 음절 속에서
잊혔던 내 인생의 봄이 다시 피어났지요

저무는 황금빛 노을마다
당신은 등불이 되어 나를 비추었고
나는 그 빛을 좇는 그림자처럼
당신 가슴속에 조용히 뿌리를 내렸습니다

기억은 바람의 무늬처럼
손끝에 닿지 않아도 마음을 흔들었고
그리움은 발자국도 남기지 않은 채
당신의 숨결 속을 걷게 했습니다

한 줌 흙으로 스러진다 해도
잊지 못할 이름
그대는 내 믿음이었고
눈물로 써 내려간 감성의 시였습니다

눈을 감는 지금, 이 순간에도
육십칠 년의 동행이 촌음(寸陰)처럼 흐르고
당신이 품어준 애정이 그립습니다

세상 모든 꽃이 시들어도,
당신 곁에서 피운 사랑 하나는
내 심장에 머무는
영원한 봄의 향기로 피어날 것입니다.

사랑의 기도문

하늘이시여 빌고 비나이다
임이 걸어가는 길가의 길목마다
평안만 가득히 넘쳐나게 하소서

멀고도 먼 타지의 긴 여정의 행보
무탈하게
소원 성취를 이루고 돌아오게 하소서

임은 하늘이 보내 주신 천사의 미소
역경이 범접지 못하나니
가시는 발걸음이 향기로 물들여 주소서

임은 천상의 여인이라
고운 심성이 후광의 빛이 비치니
북극성처럼 만인의 나침판이 되게 하소서.

까치집

폐부를 찌르는
고추바람이 몰고 온 한파가
은행나무의 고귀한 자태를 송두리째 앗아간다
북적이던 노랑 잎새의 이웃사촌
하나, 둘
무언의 작별 인사만 나누고 본향을 찾아간다
앙상한 가지 위에
덩그러니 놓인 허전한 집 한 채
외롭다 못해 적막강산의 정적만 감돈다
시끌벅적 화기애애하던
수다쟁이 이웃은 어디로 가고
외로운 화신이 되어
텅 빈 집에 임이 오기를 기다린다
이어랑 쓸쓸한 인생길이여
백설만 휘날리는 벌판에
사랑의 열기가 온 몸에 휘감아 다오.

플루메리아 꽃

그대는 누구신가요
생각만 해도 평안을 불러오니
행복이라고 부른다지요

그대는 아시는지요
향기가 코끝에 진동하는데
허공만 맴도는 실루엣 여인이라

상봉의 날이 다가오면 올수록
가슴 벅찬 설렘에
막힌 샘골의 문을 열어보리라

사랑하오 그대여
허공을 향해 벅찬 미소로 소리친다
들리시나요

그대를 만난 것은 행운입니다
식어 버린 연정의 불꽃
사랑의 생명수가 활화산이 되어갑니다.

풍어가

영종도
보랏빛 밀물이 밀려온다
출렁출렁
어부는 제방을 향해 내딛고
출항을 서두르는 웅성거림의 소리
갑판 위에 가득 실린 희망의 통발에
만선을 기원하는 어부의 노랫소리
어기 어차 어야 디어라
어기 어차 어야 디어라 노를 저어라
이 고기 저 고기
이곳의 고기가 내 것이로다
어구를 당기는 손은 묵직하고
처자식 배불리 먹일 생각에
통발은 희망의 고기로 가득하다.

소생(蘇生)

청정(淸淨)의 숲은 치마폭을 두르고
심신(心身)은 솔개가 되어
포천 하늘 아래 치유의 숲
사색에 잠기려 훨훨 날아다닌다

시들어 가는 마음속 나뭇잎
누적된 피로는 칠월의 기갈에 허덕일 때
잣 솔향이 가슴속에 스며들어
평안한 안식의 처소가 만들어집니다

밤꽃 향이 은은하게
온산에 퍼져 마음에 들어오면
시인은 눈을 감고 향기에 묻혀가니
깊은 잠을 자던 시상이 깨어나더라.

해운대의 여인

문탠로드 숲길 사이로
달빛에 젖어 짙게 깔린 물안개의 형체가
희미한 여인의 실루엣이 다가오네

손을 흔들며
달빛을 머금고 가시거리 안에 보이는 그대
열다섯 번을 굽어 있어 십오 곡에 서 있더라

그립고 그리워라 운명의 여인이여
그대와 영혼이 결혼하는 시기가 온다면
행복을 노래하며, 운명 길을 걸어가리라

달빛의 기(氣)운이 성성한 고즈녁한 밤에
사랑의 숨결로 다가오는 입맞춤
동심체 인생 화보의 명작을 그려가더라.

시인의 집

창작 반석 위에 앉으면
시향이 흐르는 개울 소리가 들린다
내 마음도 풍경 따라 흐른다

나무를 심듯
시어를 하나하나 가만히 내려놓는다
상념의 바람이 그 위를 지나간다

나비가 돌아와 날아다닌다
꽃이 피고 지는 소리를 듣는다
나는 그 속에 숨을 쉰다

이 집은 시인이 창작하는 쉼터
침묵도 말도 없이
시어를 그리며 감성 따라 적어 간다.

그대라는 꽃

향기로 물든 그대의 숨결
사랑은 꽃이 되어 피어나고
희망은 나비 되어 마음을 감싼다

감성을 담아 부른 고백
그대가 인연이라면
내 마음은 그 길 위에 머문다

애절한 노래를 속삭이며
춤추는 행복이 내게 와 닿고
그 사랑은 운명처럼 빛난다

미지의 인연을 기다리며
나는 다시 사랑을 꿈꾸고
그 꿈결에 그대가 머문다.

사랑의 불꽃이여

인연의 사이로 걷고 걸어가면
비로소 비추어지기 시작하는 오로라
사랑의 빛

달콤한 말을 하지 않아도
내 마음은
그대를 향해 속절없이 허물어진다

사랑하는 그대가 이전에
누굴 사랑했든지 난 상관없어요

다만
임과 남은 생애를 동행하며
사랑의 서사시 쓰고 싶습니다

심장은 나이를 잊은 채
사랑의 규칙을 따르지 않잖아요
늦게 피는 장미는 더욱더 정열적이다.

인생의 동반자

사랑의 빛 한 줄기 마음에 피어 들면
고요한 미소가 내 안에 피어나고
연분홍 꽃향기가 가슴을 물들입니다

쓸쓸히 흘러가던 허진한 나닐 위에
그대, 사랑의 숨결로 다가와
텅 빈 마음을 따뜻이 채워주었지요

그대는 넉넉한 그늘을 내어주는 나무
쉼을 허락하는 안식의 자리가 되어
지친 내 삶에 희망의 불을 밝혔습니다

내게 그대는 기댈 수 있는 든든한 기둥
어둠 속을 밝혀주는 잔잔한 등불
방향을 일러주는 삶의 나침반입니다.

빛과 소금

선선한 햇살이 바람을 몰고와
잠자던 생명을 흔들고 깨우며
겸손한 눈동자에 빛을 비춘다

잔잔한 햇살은 풍랑을 일으키지 않고
심령이 가난한 자의 길을 밝혀
고요한 사랑으로 세상을 덮는다

광열한 햇살은 광풍을 불러
야수처럼 달려들어 해하려 하니
과한 열정은 상처를 남긴다

따스한 햇살은 바람조차 멈추게 하여
배려의 숨결로 사람을 살찌우니
한 알의 밀알이 되어라, 사랑으로.

메리골드의 마음

이별은 꽃잎처럼 조용히 져서
말하지 못한 마음만 향기로 남고
나는 아직 너를 기다리는 계절에 있다

그늘의 온기와 웃음이 피던 자리
메리골드는 다시 피어날 줄 알았지
우리도 다시 만나리란 믿음처럼

사랑은 아름답고 아픈 것이라
지나간 향기에도 상처는 남고
그럼에도 나는 너를 기억하려 한다

슬픔마저도 꽃이 될 수 있다면
그건 아마 너라는 인연 덕분일 거야
이 마음, 한 송이로 오래 피워낼게.

훈육의 목소리

새벽을 일으키는 발자국처럼
당신은 말 없이 날 세웠다
등 뒤로 흘린 땀이 나의 교과서였다

불의 앞에 무릎 꿇지 말라며
당신은 검은 눈빛으로 답을 주셨다
말 한 마디 없이도 언 땅이 갈라졌다

내 미숙함이 칼이 되어
당신 가슴에 멍을 남겼고
그날의 침묵은 아직도 나를 훈계한다

거울에 선 내 그림자 위로
당신의 등짝이 포개진다
그 이름, 아버지. 아직도 나를 다듬는다.

시향의 종소리

겨울 가뭄, 시제의 가슴엔 금이 가고
벗들의 온기, 바람 틈에 스미어
심상 위에 햇살 한 줌, 조용히 기도한다

침묵의 골짜기, 춘하(春夏)를 머물다
전파 따라 들려오는 음성 한 조각
마음의 인량(寅亮), 문우의 빛으로 번진다

쓰이지 않는 시어가 허공을 맴돌고
쓴 외침, 보약처럼 가슴을 흔들 때
식은 감성이 다시 맥이 띤다

움켜쥐던 빈 바람 속에서
시향의 종소리 울려 퍼지면
상한 시심이 꽃잎처럼 활짝 피어난다.

사랑의 주방공간

햇살이 머무는 녹조봉 자락 보금자리
덜커덩, 냄비 하나에 피어나는 하루
사랑은 오늘도 주방을 거닐며
가족의 온기를 조용히 데웁니다

은은히 끓는 찌개의 맛 속에
세월을 버무린 김치 한 조각
오감은 젖고, 혀끝에 닿는 그 순간
말하지 않아도 밀어가 흐릅니다

그대와 나, 둘이서
지구의 궤도를 돌고 돌아
이 작은 식탁 앞에 마주 앉은 것
그것이 곧, 운명이었지요

당신이 내 삶에 합쳐진 이후
주방은 더 이상 일상의 장소가 아닌
우리 둘만의 비밀 정원
사랑을 볶고, 웃음을 끓여냅니다

오늘도 나는 찌개를 끓입니다
당신과 나 원앙처럼
작은 숟가락 하나에도 마음을 담아
사랑을 피워가렵니다.

수선화의 유래

잠든 내면에 고요히 속삭이듯
눈을 떠라, 너는 아직 피어나지 않았다
어둠 속에서도 생명은 숨 쉬고 있다

두꺼운 자아의 껍질을 벗을수록
조심스레 새싹 하나, 빛을 향해 올라온다
그 작고 여린 떨림이 세상을 흔든다

노란 겹잎 아래 숨긴 사랑의 향기
그윽이 퍼져 나가며 마음을 적시고
바람처럼 조용히 존재를 말한다

나르키소스, 고요한 물가에 비친 그대
사랑을 모른 채 사랑이 되어 피었구나
외로움 속에 수선화로 남은 그 이름이여.

새해 아침

동녘의 숨결이 붉게 번질 때
침묵 속 첫 햇살이 산 등을 건너고
나는 나직이, 한 해의 이름을 부른다

어제의 슬픔은 눈처럼 녹아
하늘빛 기도 위에 상달되어
소망은 빛의 모서리에서 피어난다

헐벗은 마음에 평안을 감고
텅 빈 들판에 풍요의 볕이 들며
시간은 다시, 우리를 품는다

꿈 많은 이여, 주저앉지 말라
바람은 흔들리되 꺾이지 않고
빛은 언제나 어둠 속에서 솟는다.

천생연분의 시발점

머나먼 이역만리 원앙새 한 쌍
연정의 그리움에 젖어
밤하늘의 별을 세며 뒤척이는 몸

합환주의 그리움에 서럽게 울어대는
원앙새의 구슬픈 소리
임의 살냄새가 그리워서 울고 있구나

처량하고 애절한 사모곡을 담아
사랑의 돛단배에 한가득 싣고
임이 머무는 연적 바위에 띄워 보낸다

남쪽서 불어오는 은혜의 단비가
임의 가슴속을 촉촉이 젖어 들어
원앙새 한 쌍이 상공위에 날아오르네.

사랑의 걸음걸이

창문 너머,
우주의 광활한 수채화 한 폭.
뭉게구름이 바람을 타고 날아오네

저 구름은 임의 얼굴,
저 구름은 임의 마음을 적어 보낸 편지
저 구름은 임의 애교를 담아 보내오네요

손바닥 위에 펼쳐진 사랑의 대서사시
마음속 깊이 보관한 그리움을 담아서

한편, 한편씩 전해져 오더라
임이시여, 들리시나요

귓전에 소곤소곤 속삭입니다
내 생전에,
단 한 사람 그대만을 사랑하겠노라.

3부

실개천 바람 따라

가을바람

황금물결이 춤을 추는 새벽녘
가을의 정인
소슬바람이 사랑스럽게 포옹을 해온다

뙤약볕
훈풍은 어디 가고
오곡백과 익어가는 마파람이 불어온다

쩍 벌어진 토실한 알밤
불어오는 날파람에
태반에 품어오던 자식을 토해낸다

앞동산 골짝기 아그배 나뭇잎
남실바람이 불어와
붉게 물들어가는 가을 정취에 취해간다.

진위천, 그 겨울날

한파 몰아쳐 얼음은 숨을 죽이고
우린 장대를 노 삼아 얼음 배를 띄우며
눈시울에 어린 동심을 띄웠다

포크 두들겨 만든 몽톡힌 직살 하나
붕어 숨은 바위틈, 살며시 다가서면
웃음 속에 우정이 살을 섞는다

발바닥은 얼음 위에서도 노래하고
모닥불 위 양말엔 구멍이 커져도
우린 따뜻했다

한 움큼 나뭇가지로 불을 지피고
군고구마 속살에 겨울이 녹아내릴 때
배고픔마저도 추억이 되었다

콧잔등 위 수묵화 한 점 그려지고
진위천 물소리는 고요히 멎었지만
그날의 겨울은 아직 얼지 않았다.

금계국

고요한 달빛에 맹꽁이 울음소리
들녘의 적막, 젖은 마음에 스며
밤은 조용히 나를 감싸안아 준다

길모퉁이 홀로 핀 누런 꽃
고운 잎새 수줍게 떨구고
순한 숨결로 나를 바라본다

화단 둘레 맴도는 바람 따라
말 한마디 못 건네던 꽃잎이
가만히 내 곁에 무언으로 다가온다

나가자, 넓은 세상 저편으로
맹꽁이 노래하는 숲 가장자리에
너와 나, 작은 집 하나 지어보자.

가을의 수채화

독조봉 정상에 올라서니
운무 깃든 골짜기 저편으로
태고의 숨결이 고요히 흐른다

붉게 물든 능신의 옷자락은
바람 따라 조용히 춤추고
햇살에 반짝이는 단풍은 속삭인다

풀잎 울음 귓가에 머무를 때
계곡 물소리 깊은 마음 적시고
홀로 걷는 숲길엔 시간도 쉬어간다

깃털 하나 바람에 실어
단풍잎 사랑처럼 꽂아 보내면
그대 가슴에 가을이 물들겠지요.

바다는 가족을 먹여 살리는 밭이다

거문도 앞바다
머나먼 길을 돌고 돌아서
색이 회유하는 반가운 손님
파도를 가파르게 가르며
만선의 꿈에 울어대는 엔진 소리
동틀 새벽녘
백 미터의 줄낚시에 인조 멸치 미끼
외줄낚시를 당기고 당겨본다
파도를 가르는 대삼치 한 마리
톡톡톡
입질이 전해지면 채임질의 신호
낚싯줄에 달려 올라오는 대물 물고기
삼치다. 삼치 인내의 희열 속에 외쳐본다
망망대해
어부의 외줄 하나는
가족의 희망이요, 삶의 텃밭이어라.

흙과 농부의 마음

손끝에 와 닿는 따스한 숨결
흙 한 줌 속에서 꿈이 싹트고
농부의 마음도 그 속에 묻힌다

비와 햇살, 바람과 이슬
자연의 말 없는 손길이
씨앗 하나에 생명을 불어넣는다

잠든 땅을 가만히 어루만지면
풀벌레 소리도 따라 웃고
어머니처럼 품어 안는 흙

꽃피는 순간을 기다리며
고요히, 묵묵히 하루를 보낸다
그 믿음이 곧 희망이 된다

풍경 속에 스며든 내 그림자
만개한 꽃 바라보며 짓는 미소
내 삶에 행복이라 말하고 싶어진다.

하남의 변천사

배롱나무 잎새에 늦여름이 매달리고
실개천 바람 따라 발길은 머문다
잊힌 이름 하나, 둑 위에 떠오른다

남한산 능선은 말없이 휘어지고
고골 계곡 물소리는 오래 전 웃음
그때의 얼굴들, 물안개처럼 사라졌다

하사창동 담벼락은 무너졌고
빨랫줄 아래 놀던 아이들 목소리
그 자리엔 표지석 하나도 없다

한강은 흐르지만 기억은 거슬러
잡히지 않는 그늘 속을 더듬는다
언제부턴가 집으로 가는 길이 낯설다

약수사 아미타 대불만이 추억을 담아
허물어진 시간의 무게를 품고
눈감은 채, 아무 말 없이 남아 있다.

북한산의 전설

북한산 까까 절벽 인수봉 고갯마루에
천맥의 기(氣)가 흘러
춘설이 임의 가슴속에 스며든다

사월이 오면
천상녀의 인품이 산자락을 덮어가니
용암사 숲 왕벚꽃 군락지의 모습이라

꽃술 사이로 녹아들어
웃음 먹은 얼굴을 쑥 내밀더니
후광이 꽃잎 속에 품어져 나오더라

그대는 사랑의 여신인가요
숨겨진 비밀의 숲에
찬연한 영혼이 향기를 품어내더라.

미스김 라일락

누구는 그녀를 수수꽃다리라 불렀다
진보라 옷을 입고 고요한 숲에 서 있던,
그 시절, 이름조차 향기였다

그러나 이름은 강물처럼 바뀌었다
미스김이라는 낯선 호칭이
이국의 정원에, 그녀는 다시 피어났다

뿌리는 이 땅이었지만
말은 바뀌고 계절은 잊혔다
그녀는 이제 꽃보다 사연이 많다

밤이면 고향의 능선을 그리워했고
그리움은 은은한 향으로 남아
매번, 누군가의 기억을 건드렸다

세 번 색을 갈아입은 끝에야
그녀는 제 모습을 찾았고
그제야, 첫사랑의 봄이 떠올랐다.

결혼의 열매

일백 년을 수양해야 인연이 되고
일천 년을 선한 공덕을 쌓아야
사랑의 베개를 베고 잔다는 말이 있다

운명적 인연이 맺어지는 순간
마주친 눈빛에 후광이 번득이고
환희의 한빛이 섬광이 되어 빛나더라

선한 덕업을 쌓고
은혜를 갚아가는 것이 결혼생활
부부는 빚을 지고 맺어진 연분입니다

존중과 사랑의 공덕을 쌓아가라
둘이 하나의 마음이 되어가니
결혼은 숙연하게 하늘이 주는 선물이라.

소소한 행복

뒤뜰 텃밭에는
초록빛 향연이 펼쳐진다
야들야들한 먹거리 쌈 채소

가시광선이 비쳐오면
아침 이슬로 갈증을 해소하고
날 선 상춧잎이 자태를 드러낸다

숯불 위에 놓인 뚝배기
구수한 우렁이 강된장이 보글보글
지쳐가는 심신에 오감을 자극한다

갓 지은 꽁보리밥
약초잎, 실파, 쑥갓, 고추, 참기름 한 스푼
양푼은 비빔밥의 전쟁터가 되어가고

요동치는 배의 꼬르륵 소리
군침은 흘러나오고
허기진 배는 행복함에 기뻐한다.

늦가을의 경계선

입동의 그림자 따라 달력 끝을 넘기니
단풍은 마지막 붉음을 다해
나무 끝에서 조용히 작별을 속삭인다

노랗게 물든 은행잎 팔랑이며 웃나가
소슬한 바람에 이내 울먹이고
소낙비는 하늘마저 눈물짓게 한다

야속한 가을을 몸부림치며 잡아도
높바람은 무정하게 휘돌고
잎새는 하나둘, 제자리로 돌아간다

짧았던 찬란함이여, 안녕
이별은 늘 이렇게 조용히 다가와
사랑의 여운만 가득 남기고 떠나간다.

사랑은 운명이어라

그대여
그대는 누구신가요
감성의 노랫소리에 장단을 맞추어서
지은의 애달픈 목소리가
잠자던 애정의 불꽃을 소생시킨다

그대여
그대는 누구인가요
연약한 여인의 애교스러운 자태가
사랑의 용광로에 녹여 버리고
지은만 바라보게 하는 마법사이어라

그대여
그대는 누구신가요
아픈 상처를 뒤안길에 밀어 넣고
연정의 실눈을 뜨고 다가오니
거대한 해성의 불꽃 꼬리와 같더라

그대여

그대는 나의 천사인가요
평생 만나는 인연이 2.992만 명 이고
그중에 알게 될 확률이 0.5% 라
친해질 확률이 0.03% 이니
사랑을 나눌 확률이 0.0049% 랍니다.

우정의 정원

예주는 내 마음에 피어난 정원
고요한 햇살 아래 속삭이는 풀잎처럼
우정은 말없이도 자라납니다

구름 속에 떠 있는 한 장의 풍경
눈빛은 고풍의 시처럼 풍기니
내 하루는 그 이름으로 물듭니다

한 잔의 원두커피 같은 그대
쓴맛 뒤에 남는 깊은 향처럼
우정의 시간은 천천히 익어갑니다

말 없는 계절이 꽃을 피우듯
우리는 웃음으로 마음을 건네고
그 순간마다 인생이 향기로워집니다

흰 머리카락이 바람에 시처럼 날릴 때
예주는 여전히 내 마음의 시인이며
내가 품은 가장 따뜻한 비밀입니다.

소진되어 가는 몸

옥합에 봉인된 운명의 길
밝은 미래를 열망하며
신비한 비밀의 문을 열어갑니다

굴곡진 세파 속에 흔들리며
비바람 몰아치는 울돌목 선상 위에
듬성듬성 놓인 돌다리길을 걷습니다

악헤강 물줄기처럼 긴 하루
고갈된 누런 잎사귀의 몸으로
혼의 정열을 땀에 젖어 쏟아냅니다

오로라의 찬연한 빛줄기가
절망의 눈물을 닦아줄 때,
행복한 웃음이 샘처럼 넘쳐납니다.

만추(晩秋)의 기쁨

고추바람 살갗을 아리게 스며들고
녹조봉 계곡 따라 온돌을 찾아가면
언 몸에 따뜻한 숨결이 퍼진다

붉게 물든 금수강산의 가을빛
이 산 저 산, 단풍이 메아리치고
향연에 취한 마음은 멀리 흩어진다

진목 들녘 황금빛으로 물들며
탱글탱글 여문 벼이삭 고개 숙이고
농부의 땀이 고요히 익어간다

만곡의 기쁨이 들판을 춤추게 하고
겨울 양식 앞에 마음은 넉넉해져
행복의 미소가 땅 위로 번져간다.

부활의 꿈

시간은 바람의 옷자락, 스쳐간 청춘을 휘감고
나는 눈부신 봄의 전설로 잠시 피었던 꽃
기억은 햇살의 그림자, 지는 해를 품는다

가을비는 마음의 수채화, 붉은 그리움 번지고
단풍은 뜨거운 날들의 잔향을 태워 올리는 불꽃
노을은 환희의 저편, 사라진 웃음을 태운다

겨울은 몸 위에 내려앉은 침묵의 깃털
시든 가지 끝에도 꿈은 숨을 고르고
희망은,
얼음 속의 씨앗, 다시 피울 계절을 기다린다

나는 바람 든 나이테, 늙음 속에 진주를 감추고
주름진 껍질 아래 생명의 노래는 여전히 맴돌며
부서진 날들 속에서, 새벽을 품은 부활을 꿈꾼다.

논갈이의 눈물

달빛이 물든 논배미 위로
맹꽁이 울음은 별을 흔들고
시골의 새벽이 숨을 고른다

경운기, 땅을 흔드는 심장 되어
깊게 묻힌 생명의 문을 열고
흙은 조용히 꿈을 싹틔운다

이랑 따라 흐르는 땀방울에
햇살도 고개를 숙이는 오후
농부의 미소는 참으로 깊고 깊다

굽은 허리엔 세월이 쌓이고
진흙 묻은 손등엔 기도가 맺힌다
쇠스랑 끝마다 아버지가 빛난다

처자식 배불릴 꿈 하나 품고
몸을 갈아 논을 일구시던 그날들
모내기 철이면 아버지가 그립다.

불변의 사랑

그대 이름, 아직도 내 가슴에 남아
바람에 실려오면 눈빛부터 젖습니다
잊으려 해도, 잊혀지지 않는 하루

두 손 놓은 지 오래라지만
밤이면 꿈속에도 그대가 피어
내 잠은 그리움에 깨어납니다

사랑은 끝났다고 말했지만
그 말이 나를 먼저 무너뜨리고
내 마음은 그때부터 무너지고 있었습니다

세월이 흘러도 지워지지 않는
그 사람, 나의 전부였던 이름 하나
내 속을 헤집는 듯 아립니다

하늘이시여, 단 한 번만 더
그대를 향해 손 내밀 수 있다면
이번엔 끝까지 놓지 않겠습니다.

하나님의 사랑

찬연한 시온성, 황금빛 물결 위에
천상의 주께서 은총을 내리시고
미명의 언약, 기도 되어 흐른다

겟세마네, 감람 향 짙은 그 새벽
참빛 눈동자 떨리던 그 순간
속죄의 어린양, 고요히 길을 나선다

골고다 언덕, 피 묻은 십자가 위
육신은 찢기고 사랑은 완성되어
"다 이루었다" 구원의 문 열리네

죄와 생의 담벼락 무너진 그 자리에
상한 자의 심령, 빛으로 감기며
치유의 기쁨이 뿌리처럼 번진다

누가 이보다 큰 사랑을 품었는가
예수를 믿는 자, 그 가슴마다
참빛은 타오르고, 희망은 불붙는다.

페츄니아의 사랑

후자(後者)가 말하기를
꿈이 소실되어
사랑의 염원이 죽은 자라 말한다

한 줄기 빛이여, 비추어라
파릇한 생명의 기운이여
고사목 언저리에 새 뿌리여 돋아나라

잠든 듯 숨죽이며
웅크리고 있는 부활의 여신이여
초록의 날개를 펄럭이며 활개 치라

연정의 가지에 돋아난 잎새
사랑을 향기로 물들이며 소생하다
하늘이시여
고사목에 핀 사랑은 신의 축복입니다.

인생의 곡예사

멀고도 먼 인연의 방파제
만선의 꿈을 안고
억만리 바다로 항해의 키를 잡는다

출렁이는 파도를 넘고 넘으면
사랑의 단꿈에 젖어가고
웃음소리 선상 위에 가득 번진다

잔잔한 수평선 위에 닻을 내리고
연정의 그물을 펼쳐
행복한 가정, 단 하나의 어종을 건진다

투망과 양망이 거듭되니
심신은 지쳐만 가고
돌풍의 회오리가 선상을 덮쳐온다

한낮의 꿈은 아니겠지
울분과 절망이 전신을 휘감아도
가장의 본분을 지키며 살아가야겠다.

고뇌(苦惱)의 틈새

찬 바람이 마음의 창을 두드리면
감정도 조용히 흩어지고
외로움은 길 잃은 새처럼 맴돌아라

머무름의 달콤한 속삭임을 뒤로하고
나의 발끝은 여전히 흔들리지만
나는 떠남 속에 나를 찾는다

텅 빈 공간 속 메아리는 나를 일깨우고
창밖엔 바다, 산, 숨 쉬는 자연이
말없이 온정의 숨결로 나를 안아준다

오늘도 마음의 문을 조용히 열며
고뇌 대신 신비를 그리러 간다
원시의 숲, 그곳에서 나를 쉬게 하리라.

일상(日常)의 탈출

양팔을 활개 치고
회루 바람이 불어와
창공에 새가 되어 날아간다

아늑한 처소
어깨에 짓 눌린 무거운 짐을
회루 바람에 몸을 실어
자유로운 영혼이 되어 날아간다

충전의 시간
안식을 얻고자
평안의 삶을 위해 날갯짓을 한다

돌고 돌아가는
사계(四季)의 인생길
희로애락의 마지막을 향해서
지쳐 쓰러져도 뛰고 뛰어간다.

애수(哀愁)의 한가위

둥근 달 떠오른 고향 하늘에
어머니 숨결이 바람결 되어
내 마음 창가를 조용히 두드린다

신목리 마을 길엔 왕 벚꽃이 피고
그 꽃향기 따라 추억이 흐르니
등 굽은 뒷모습이 자꾸만 아른댄다

풍요의 노래가 집안을 채워도
그 자리에 모정의 온기는 사라지고
귀 기울이면 들릴 듯한 숨결만 맴돕니다

선산 별장 숲속 부모님이 잠든 곳
그 흙냄새조차 따스해 안겨 오는데
불러도 대답 없는 하늘을 올려다본다

한가위 달빛은 밝기만 한데
어머니 품 같던 그 사랑 그리워서
애달픈 그리움만 가슴에 내려앉는다.

4부

멈출 수 없는 바람

사랑의 약속

물망초 화려하게 피던 봄의 언덕에
이억 만리 날아온 흰나비 한 마리
임은 두근거리는 심장을 안고 왔지

장밋빛 눈동자 속에 담긴
그리움은 바다처럼 출렁이고
내 상처를 안아주던 미소였네

수선화 만개하던 어느 날엔
연정의 고리로 맺은 언약이
내 가슴에 사랑의 표식이 새겨졌지

이젠 겨울, 당신 없는 시간 속
얼어붙은 내 마음 깨운 사랑
사랑합니다, 영원히 고맙습니다.

붉은 연정

샛바람, 어디서 왔느냐 묻자
시베리아 끝자락에서 왔다 하며
내 어깨 위에 살포시 내려앉는다

단풍은 한 철의 숨결을 머금고
붉은 속살을 조용히 펼쳐 놓는다
그리움이 너를 붉게 입히는구나

등을 툭 치며 스며든 바람은
귓가에 비밀처럼 말을 건네고
나는 문득 미소를 머금는다

산마루 아래 너의 바늘로
이 가을, 정성껏 수놓아 다오
돌아온 입김, 아직도 뜨겁구나.

봄의 소리

고요히 내려앉은 백설이 대지를 감싸고
그 아래, 봄의 숨결이 미세히 스민다
잠든 흙살 속 새싹 하나, 조용히 몸을 뒤튼다

한파는 뼛속 깊이 스며들며
작별을 예감하듯 마지막 기세를 부리고
하늘조차 숨을 죽인 듯 묵묵하다

바람의 결에 실려오는 봄의 전언
살며시 귓가를 스치며 말을 건네고
얼어붙은 대지 위로 첫 온기가 번진다

남쪽 골짜기 굽이굽이 햇살이 흐르면
산수유는 노란 속내를 천천히 펼치고
생강꽃 향은 바람을 타고 꿈결처럼 번진다

사계의 첫 문이 열리는 순간
세상은 다시 태어날 준비를 하고
입춘의 길목에, 우리는 숨을 고른다.

석죽화의 노래

새벽 물안개, 꿈결처럼 피어나고
이슬은 지기지우처럼 속삭이며
패랭이꽃 한 송이, 마음속에 활짝 핀다

미파람에 순박한 마음을 실어
무심한 바람도 따뜻이 안아주니
서민의 한숨 따라 꽃잎이 흔들린다

무욕(無慾)의 심성은 바위틈에 깃들고
가난 속에 핀 꽃은 더욱 향기롭다
말 없는 생(生)이여, 어찌 그리 고운가

지고지순한 임처럼 곧고 곱게 피어
대나무 가지 위, 하늘을 우러르니
석죽화 한 송이, 삶을 노래한다.

후회

고요한 달밤, 키파리소스는 흐느끼고
창에 맞은 수사슴의 눈동자엔
소리 없는 울음이 머문다

너의 숨결로 어루만진 나의 상처
사랑은 늘 한 걸음 늦게 다가오고
적막은 내 마음 끝에 눕는다

떠나간 빛, 황금빛 잔상은
눈물샘 가득히 절망을 부르고
여린 심성은 또다시 떨린다

나를 위로한 너는 머물지 않고
흐느끼는 울보만 어둠에 남아
후회의 그림자 속에 묻힌다.

엄마 꽃

그대가 내 마음속에 기대어
둥지의 안식처로 삼을 때
고운 숨결 향기롭다

신고로 얼룩진 엄마 꽃
숭고한 향기가 내 심장을 울렸다
꽃 중의 꽃 엄마 꽃
사랑의 원천에 뿌리내린 찬연한 꽃이다

사랑합니다 꽃 이시어
철부지 가슴에 향기로 물들이고
고운 심성 불어넣어 주신다

사랑 꽃 행복의 꽃
화려함으로 피어나리라
당신은 태산처럼 든든한 버팀목
가정의 평안을 지켜주시는 꽃이랍니다.

튤립 꽃

둥근 얼굴을 가진 매혹적인 미소
일편단심 임을 향한 외줄기 마음
사랑을 거침없이 고백했다오

그대여
첫 눈빛이 마주치던 그 시간
가슴은 요동치고 거친 숨결을 토해냈다오

아아아
사랑의 실눈을 뜨게 해 준 그대여
들끓는 애정의 용광로가 헐헐 타오른다

조용히 조용히 숨죽이며
임과 나 사이에
천리향의 감동만 싹 틔우며 살아간다오.

선유폭포의 비경

지리산 심산유곡 굽이굽이마다
전설로 스며든 임의 비밀 이야기
청량한 샘물에 그리움이 녹아들어
이산가족 상봉 날처럼 가슴이 저민다

사랑샘은 돌고 돌아 사람을 부르니
그리움도 계절 따라 다시 모여든다
꽃샘추위, 산수유 꽃망울을 시샘하며
산바람 타고 물보라의 춤을 춘다

물안개 피어오른 선유의 빙설 속엔
비경 하나하나가 전설이 되어있고
칠월 칠석, 천사가 내려온다던 연못에
물방울들 서로를 부둥켜안고 운다

임의 얼굴, 얼음꽃 되어 떠오르니
빙설은 사랑의 초상화를 그려주고
기억은 계곡을 감돌다 나를 감싸며
헛웃음만 터지다, 눈물 대신 피어난다.

운명의 여인

가로등이 길 위에 쏟아진다
바람은 조용히 어깨를 감싸고
홀로 걷는 이 산책로
마음엔 바람보다 깊은 공허가 흐른다

사랑은 늘 목말라 찾아오고
그리움은 등 뒤에 묵묵히 따라온다
그때, 빛결 속에서 다가오는 한 여인
실루엣이 오래된 기억처럼 선명하다

그대는 천사였을까
내 운명에 적힌 이름이었을까
말없이 내게 손을 내밀었고
나는 그 손을 따르듯, 마음을 열었다

한 걸음, 또 한 걸음
당신의 숨결에 스며들며
서로의 그림자가 조용히 포개진다

교감의 선율이 가슴에 흐른다
들리나요
두 마음이 무지개를 타고
서로를 향해 피어나는 꽃송이랍니다.

이슬방울

꽃잎 끝에 매달린 작은 숨결
몽글몽글 떨리는 투명한 눈망울
영혼 깊이 적시는 이슬방울 하나

풀잎 위 고요히 피어난 속삭임
말 없이 전하는 가슴의 언어
숨죽인 마음에 꽃이 피어납니다

긴밤을 함께한 그리움의 그림자
우렁각시 떠나는 새벽의 침묵
작별 앞에 온몸이 떨리고 있습니다

스며들 듯 다가온 순간의 눈물
한 방울이 온 세상을 적시듯
이슬은 곧 사랑, 그리고 나였습니다.

신념의 참빛

내 마음 깊은 곳, 조용히 타오르는 불빛 하나
거센 바람이 몰아쳐도 그 빛은 꺼지지 않고
세상이 등을 돌려도, 희망은 나를 바라보고
침묵 속에서도, 나는 참 빛이라 속삭인다

어둠이 내 길을 덮어도, 나는 두렵지 않다
어둠이 짙을수록, 내 믿음은 더 밝게 빛난다
빛, 또 빛, 그 끝없는 걸음으로 나는 걷는다
한 발, 또 한 발, 신념이 내 길이 된다

의심은 스쳐 가는 그림자
신념은 별처럼 나를 머문다
흔들려도 꺾이지 않는 내 마음의 나무
푸른 하늘 아래, 나는 뿌리내린다

오늘도 나는 나를 믿는다
작은 믿음 하나가 거대한 바람이 되어
세상을 감싸안는 빛이 되고
작은 불꽃이 태양이 되어 타오를 것이다.

가을이여 안녕

황금빛 노을이 지는 하늘 끝에서
붉은 단풍은 끝내 말없이 고개를 떨구고
낙엽 밟는 소리만 계절을 넘긴다

지르밟힌 기억들이 흙으로 스며들면
하늘도 그 아픔에 서리로 대답하고
늦가을은 눈물조차 바람에 숨긴다

광활한 초원 위로 설빙이 내려앉고
그 아래 묻힌 단풍은 누군가의 기다림
외면된 채 겨울 속으로 접힌다

꽃 피우지 못한 마음 하나 가슴에 남아
가을과 겨울의 틈에서 스스로를 묻고
나는 또 한 번, 조용히 이별을 배운다.

운명의 꽃

모닥불 새어 나오는 빛결 사이로
당신 이름을 부르면
가슴 한켠이 서럽게 젖어듭니다

가야 할 길은 눈보라의 언덕
사랑은 왜 늘 바람을 거슬러
상처마다 꽃을 피우는지요

잿빛 하늘 아래 꺼지지 않은 불씨
당신의 체온을 닮은 기억이
아직도 내 심장을 태웁니다

견디고 견딘 이 계절 끝에서
마침내 핀 한 송이
당신을 향한 불멸의 꽃입니다.

아미타 대불의 미소

아카시아 향은 무명의 안개를 걷고
객산의 맥박 위로 연꽃이 피어난다
대웅전에는 고요한 미소 하나

하얀 미소가 삼천 세계를 감싸고
서방정토의 빛은 업장을 태운다
자비여, 오늘도 중생의 가슴을 두드려라

태조의 발원은 역사가 되고
철조 여래는 환란 속에도 눈을 감지 않으니
그 침묵 속에서 진리는 숨 쉰다

법련 스님, 살아 있는 생불이라
아미타 대불의 심장에 불을 놓고
무명을 밝히는 등을 켠다

생로병사의 강을 건너는 연등의 행렬
번뇌는 연기처럼 흩어지고
평안이여, 행복의 노래가 흘러넘친다.

사랑의 연(緣)

당신이라는 바람이 스쳤습니다
나는 그 결을 따라
하늘을 나는 연이 되었지요

마음 한편을 접어 만든 깃발
당신을 위한 자리였고
멈출 수 없는 바람이었어요

하루하루는 실처럼 얇고
손끝으로 맺은 매듭마다
당신의 이름이 매달렸지요

설렘은 기억을 넘어
영혼의 하늘에 묶인 채
지워지지 않는 빛이 되었고요

이별의 고난이 온다 해도 괜찮아요
당신 안에 남겨둘게요
오래도록 향기 나는 바람의 꽃으로.

아내의 둥지

푸푸 샘 처럼 맑게 흐르는 숨결
나직이 부르는 아내의 노랫소리가
사랑이 자라는 하루의 시작이다

햇살이 스미는 따뜻한 손길에
고단한 날들을 조용히 감싸고
초인종 소리에 맞춰 문을 열어준다

어서 와라, 오늘도 수고했어
아이의 웃음은 엄마 품에 안기고
가슴엔 행복의 꽃송이가 피어난다

이야기꽃이 활짝 피어나는 저녁 시간
아내의 말 한마디, 눈빛 하나에
가족의 하루가 평안의 노래가 되어간다

손맛을 담아낸 저녁 식탁 위에
그리움도, 기쁨도 곱게 올려
사랑이 완성되어 가는 따스한 둥지.

문명의 해택

눈송이는 함박눈 되어
먹구름 사이로 흩어지고
폭죽 불꽃 잔해가 된다

전기가 밝히던 밤은
한겨울 무게에 지쳐 떠나고
어둠만이 길을 삼킨다

보일러는 마지막 숨을 내쉬고
찬바람은 살갗을 스민다
고요 속에 무력함이 깃든다

그럼에도 나는 안다
문명이라는 불빛의 소중함을
감사하며 오늘을 살아간다.

동심의 추억

바람결에 흩날리던 분필 가루
풍금 소리 따라 웃음이 피고
종소리처럼 선생님이 오셨다

진위천 물소리, 들꽃 냄새 따라
솔잎을 따던 작은 손끝 위로
모난 송편이 수줍게 익어갔다

보름달 아래 때때옷 입은 우리
햇살처럼 번지던 웃음꽃이 피고
시간은 칠판 위에 멈춰 있었다

흐린 거울을 마주 본 어느 날
그때 그 아이가 나를 보고 웃었다
조금 서툴고, 그래서 더 눈부셨다.

독자와의 언약

입김 같은 시어가 베이지 위에 내려앉고
독자의 눈동자 속에 내가 머문다
우린, 한 문장의 숨결로 이어져 있다

시랑의 떨림은 당신의 기슴에 번지고
고요한 눈빛 속에서
목소리 없는 대화를 나눈다
책장을 넘길 때마다, 내 마음이 흔들린다

내 슬픔은 당신의 눈빛에 녹아들고
기쁨은 조용한 미소로 돌아온다
우리는 서로를 모른 채, 서로를 품는다

이 시는 나의 것이자 그대의 것이고
하얀 여백에 남은 건 둘의 숨결뿐
시가 끝나도, 언약은 시작된다.

백목련화

장엄하도다
산기슭 홀로 핀 백설의 이름이요
웅장하고 아름답게 웃고 있구나

세 개 꽃받침 위에
여섯 개의 꽃잎은 춤을 추고
삼십 개의 꽃술이 정답게 노니는구나

내 사랑 백의 천사여
찬란한 후광이
전신에 품어 올라 눈빛을 가리는구나

아카시아 향이 불어오면
나 홀로 남겨두고
이루지 못한 사랑에 울고 있구나.

민족의 새

대대손손 보존해 온 민족의 맥
고대산 자연휴양림 산줄기
나무와 나무 사이로
창공을 가르며 활개를 펼친다
평화를 지저귀는
토종의 자존심 곤줄박이 텃새
천연의 원시림 숲 사이
말등바위 어귀에 재잘재잘 소곤소곤
다가와 안부를 물어보는 토박이 새
어느새 손끝에 날아와 수다쟁이가 되어
칼바위의 장엄한 전망대 소식을 전해주네
고대산 정상에 오르니
연천평야의 누런 벼 이삭이 춤을 추더라
날아라 높이 날아라 곤줄박이 새야
백마고지의 벙커에
무명용사의 핏빛을 물들인
유월의 찬가 소리가 소곤소곤 들려오네.

결혼의 언약식

천지의 틈새로 흐르던 빛
숨겨진 음양의 조화는
사랑이라는 비밀의식을 잉태합니다

하늘은 알고 있었을까요
두 마음의 진동을 따라
무지개다리 위에 선남선녀가 만납니다

가슴에 심긴 하나의 홀씨
다른 땅에서 날아왔지만
이제는 같은 나무의 뿌리가 됩니다

언약의 가마가 바람에 실려
두 영혼의 경계를 녹이며
연리지 되어 피어나는 향기

이 맑고 복된 날
백 년의 맹세는 천 년의 시로 새겨지고
온 우주는 이 부부를 위해 환히 웃습니다.

연정의 참 빛

어둠이 내 마음을 물들이던 밤
그대 이름 하나, 달빛처럼 떨려왔다
사랑은 언제나, 침묵 속에 운다

눈물마저 고운 그대의 기억을
입술 끝에 지핀 채, 숨처럼 삼킨다
보고 싶음은 달을 타고 끝없이 흐른다

기도는 말라가고, 그대는 멀어지는데
보름달만 환히, 내 가슴에 뜨고
그리움은 들리지 않는 노래가 된다

그대 마음의 문턱에 닿기 위해
꿈속에서조차 두 손 모아 엎드린다
사랑은 기다림, 그 끝에 그대 하나.

물레방아 연정

내 고향 용인의 소원 언덕에서
눈물로 인연을 찾는 기도를 올립니다
저무는 해그림자 따라 마음도 저물어
그대 없는 하늘이 어쩌면 이리도 먼지요

세상은 혼자 걸어가기엔 너무나 긴 길
하늘이 점지해 준 지은을 찾아 나섭니다
이생에 한 사람, 그대일 줄을 알면서도
닿을 수 없는 마음은 바람처럼 스칩니다

산골짜기 들국화 향이 속삭이던 그날
당신은 물받이, 나는 물레가 되어
한 몸처럼 둥글게 인생을 돌고 돌아
그리움 속에서도 우리는 서로를 감쌉니다

한평생 손잡고 걸을 운명의 길 위에서
지은은 내 쉼이자 눈물이었습니다
떨어지는 낙수에 마음을 적시며
이 사랑은 다시 피어날 우리의 노래입니다.

천연의 왕방계곡

옹달샘 흐르는 울창한 숲,
청아한 계곡물 맑게 빛나고,
바람은 가지 사이를 타며
자연의 숨결을 노래합니다

정겨운 노랫소리 들려오는 듯,
물줄기 따라 흘러드는 선율
무사이(Mousai) 신의 손길이 닿아
구성진 가락이 물결칩니다

가슴을 울리는 구슬픈 한이
계곡물 속에서 토해지며,
하늘을 울리고 땅을 흔들어
강산 가득 하모니를 품습니다

이 소리, 신의 음성인가
득음(得音)의 순간일까?
귀 기울이며, 고요히 바라보다
그 울림을 마음 깊이 담아봅니다.

5부

효(孝)라 이름 붙인
　　　그 조용한 울림

지리산의 여정

백두의 기운 남쪽 끝에 이르러
지리의 품에 신성이 내려앉고
암봉은 하늘을 조용히 떠받친다

장터목 비추는 새벽 햇살 아래
어리석음은 지혜로 깨어나고
천왕봉은 내면의 길을 연다

칼바람 속에서도 둥지는 따뜻하고
지친 영혼은 이 산에 기대어
묵은 슬픔을 조용히 흘려보낸다

넓적한 바위에 앉아 노래하면
서리꽃 진 자리에 설경화 피어나고
한숨조차도 시가 되어 날아간다

가부좌 틀고 명상의 문을 열면
상념은 망각의 안개로 지워지고
마침내 나를 찾는 빛이 되어주었네.

눈물로 쓴 인생 여정

비 내린 오후, 당신 이름을 불러보니
잊었던 내 인생의 봄이 다시 피어나고,
저무는 노을 속 등불이 된 당신은
내 마음에 조용히 뿌리를 내렸습니다

기억은 바람의 무늬
손끝에 닿지 않아도 마음을 흔들고,
그리움은 발자국도 없이
당신 숨결 속을 걷게 했지요

한 줌 흙으로 스러진다 해도
잊지 못할 이름, 그대는
눈물로 써 내려간 나의 시요,
내 생애를 걸었던 믿음이었습니다

눈을 감는 지금, 이 순간에도
육십칠 년의 동행은 촌음(寸陰)처럼 흐르고,
세상 모든 꽃이 시들어도
당신 곁에 피운 여정은 향기롭습니다.

효(孝) 그리고 후회와 깨달음

시간은 마른강물처럼 스미고,
청춘은 바람처럼 흘러가 버렸다
둥근 달 아래 외로이 서니
내 그림자, 아버지의 모습 닮았더라

그 시절 벼락같은 열정이었고
아버지는 굽은 소나무로 나를 막으셨지
모질게 퍼붓던 회초리 속에는
먼 조상의 숨결이 서려 있었네

꿈결마다 안개처럼 피어오르는 웃음
창밖 달빛 되어 등을 쓰다듬으시네
묵은 향 번지는 훈육의 말
사랑은 꾸짖음 속에 숨어 있느니라

이제야 문 안의 돌계단을 닦듯
아버지의 말씀을 하나하나 새긴다
효(孝)라 이름 붙인 그 조용한 울림이
내 마음 깊은 곳에서 울고 있더라.

평화의 소녀상

작은 손엔 인형 대신 눈물이 있었고
치마저고리 아래 떨리는 숨결 위로
전쟁은 소녀의 이름을 앗아갔다
그러나 그 눈동자는 끝내 꺼지지 않았다

낯선 땅, 차디찬 바람 속에서도
당신은 울음을 삼키며 하늘을 품은 이불을 덮고
다시 살아낼 날을 가슴에 심었다

당신의 침묵은 외면이 아니라 용기였고
당신의 고통은 짓밟힘이 아니라 저항이었다
그 오래된 상처 위에 우리는 묻는다
잊지 않겠다는 말로만 충분한가

이제 우리는 당신의 봄이 되리니
그 이름 하나하나, 바람보다 먼저 부르리
기억은 우리의 꽃이 되고
그대는 영원히 지지 않을 평화의 얼굴이다.

겨울이 부르는 청국장 내음

늦가을에
식욕을 돋게 하는 명약이 있다
아랫목 이불을 뒤집어씌운 항아리
정성의 어머니 손맛이 그립다
요란하게 울리는 전화벨 소리
여보세요 여보세요
아비냐
내 엄마 막내야
이번 휴일에 내려와라
엄마가 맛난 청국장 만들어 놨어
네
주말에 꼭 내려갈게요
누렇게 뜬 콩 사이로
끈적이게 늘어진 흰 실은
엄마의 숨겨진 손맛
청국장과 된장의 환상적인 배합
잘 달구어진 뚝배기는
보글보글 끓는 소리 들려오고
진동하는 구수한 냄새가

입맛을 다시며 침샘을 자극한다
어머니 어머니 보고픈 어머니
향수에 젖어 있는 그 맛이 그리워서
고향 산천에 안부를 띄웁니다.

창작의 고통

고요한 새벽은 잉크 빛 바다
나는 펜이라는 작은 돛단배
백지 위로 띄우지만 바람은 멎고
생각의 닻은 무거워, 출항은 머뭇댄다

숲의 언어를 훔치려 숨어들면
나무는 침묵으로 등을 돌리고
계절은 입을 닫은 채 흘러가고
내 안의 시냇물도 바닥을 드러낸다

지우개의 눈물로 문장을 씻고
한 글자마다 심장을 꿰매듯 붙이며
수천 번 붓질한 그리움 끝에서
나는 아직, 나를 쓰지 못했다

그러다 어느 순간, 문장 하나 틔우면
그 안에 나를 태워 불을 지핀다
재가 된 고통 속에서 꽃이 피고
나는 미소 짓는 허공의 조각이 된다.

소망의 빛

붉은 숨결
객산 너머 어둠을 깨운다

솔향기 스미는 새벽 몽우리가 속삭인다
희망이다
그대 이름을 부른다

귓가에 스민
한 줄기 빛의 노래, 소원이 피었다

하늘은 기회를 내려, 미소 짓고
나는
그 길 위에 선다

꿈을 향해
조용히, 뜨겁게 불태워 간다.

바다 향기 수목원

대부도 바닷가 옆,
화초가 숨 쉬는 천연의 터
고운 옷을 입고 임을 맞이한다

형형색색
청춘의 각선미를 드러내며
지나가는 여행객을 유혹하여 홀린다

벽천을 지나 연꽃 못에 이르면
하얀 고깔모자를 쓴 벚꽃이
수줍은 듯 입꼬리만 씰룩인다

봄, 봄, 봄
나무마다 생동의 기운이 솟아올라
긴 동면 잠든 감성을 되살려 준다.

금수강산의 울음소리

졸졸졸졸 산 능선 줄기마다
숨겨진 사연들이 옹달샘에 모여들어
맑고 맑은 청아한 이야기꽃을 피운다

원시림이 우거진 신비의 경관 히동
화마가 할퀴고 지나간 그 자리에
생명의 존재가 소멸하여 윤회하네

한순간의 방심이
일천 년 동안 살아 숨 쉬던 터전을
검붉은 잿더미로 생명은 멈춰버린다

방화복을 입고
거대한 화마와 사투를 벌이는 소방관님
불기둥이 광풍을 타고 넘고 넘어가니
삼십 명의 고귀한 생명을 아서가더라.

북풍 한파에 숨결

하얀 입김 속삭이는 새벽 언저리
나뭇가지 끝엔 서리가 피고
골목을 적시는 발자국마다
고요한 추억이 얼어붙는다

북풍은 담장을 넘어 문을 두드리고
하늘은 구름으로 눈을 짜낸다
온 세상 숨죽인 채 기다리는 건
어쩌면 봄보다 그대의 손길일지도

유리창에 그려본 얼굴은
온기보다 먼저 사라져 버리고
귓가엔 먼 바람 소리만 감돌아
마음 한편 시린 공백을 쓸어낸다

동짓달 긴 밤에 별빛마저 떨고
빈방 안 시계는 느리게 운다
차가운 계절 끝에 남은 하나
그대, 그리움이 내겐 마지막 불씨.

이태원의 그날

어이할꼬
어쩌란 말이냐
피지도 못한 청춘의 꽃

땅을 치고
하늘을 원망하여도
돌아오지 못할 요단강을 건너간걸

핏빛 서려 있는 이태원의 참혹한 거리
절규하는 일백오십육 명
영혼의 울음소리가 귓전에 맴돈다

하늘이시여
소리 높여 염원합니다

피지 못한
젊은 청춘의 꽃
안식의 처소로 영면 들게 하소서.

가을 무도회

소나무 끝에 붉은 노을 걸리고
정자에 앉아 단풍을 바라보며
잠시, 마음을 가을에 띄웁니다

아스타 꽃잎은 길 위에 흩어지고
와인 향 머무는 저녁 바람 속에
잊힌 노래가 가슴을 적십니다

사랑가 흐르면 장단을 타고
두 손 마주 잡고 블루스 리듬에 춤을
계절이 우리를 품에 안아줍니다

내 안에 풍기는 따뜻한 향기
당신이 머문 자리마다 남아
이 가을, 사랑이 다시 피어납니다.

칠월의 행진곡

하늘은 투명하게 열리고
장마의 끝자락, 햇살이 쏟아진다
이마를 타고 흐른 땀방울이
작은 강이 되어 땅을 적신다

사십도 더위는 숨을 죄고
천일홍은 타는 듯 피어오른다
폭염경보가 사이렌처럼 울리면
도시는 붉은 숨결로 뒤덮인다

왕방폭포 쏟아지는 물줄기 아래
하루의 열기를 식히는 사람들
나무 그늘, 그 속에 앉아
서늘한 수박을 한 조각 베어 문다

밤은 쉽게 식지 않고
열대야 속에 뒤척이는 마음들
마른 바람에 실려 오는
누군가의 안부가 그리워지는 계절.

해녀의 일상

제주 앞바다
가족의 생계를 위해
수심의 공포를 이겨내며 물질하는 해녀

테왁과 수경은
그녀들의 생명의 심장이다
저체온을 막아주는 두터운 잠수복을 입고
배를 타고
오늘 물질할 바다로 향한다

제철 해산물, 성게를 잡기 위해
깊은 바다로 깊이, 더 깊이 들어간다
지구 온난화로 바다의 가장자리 해초는 시들고
이젠 더 깊은 곳에서
목숨을 걸고 물질해야 한다

잠수병의 위험,
가슴을 압박하는 중압의 고통

하아
휘휘, 휘휘
숨비소리가 바다 위에 퍼진다

바다는
푸른 파도로 물결치며
오늘도, 나를 또 부른다.

연단의 꽃

천연의 동산, 바다향기 수목원
초겨울 한파 속, 야생화는 잠든다

매혹의 자태로 피어난 겨울 팬지
동장군의 매서운 숨결에
밤마다 얼어붙은 사랑을 속삭인다

사무치는 한기 속에
심연을 얼리고 또 얼려
마침내 청백화 하나, 피워낸다

극한의 시련도 굴복을 잊은 채
여명의 햇살이 입맞춤하듯 다가오면
꽃잎은 바람결에 생기를 되찾는다.

연시의 사랑

뒤뜰 언덕 위 우뚝 솟은 감나무 한 그루
앙상한 가지 위에 주렁주렁 열리고
붉은빛 미소가 맛깔나게 탐스럽습니다
실오라기에 비친 속살은
실바람에 연홍빛 화장을 하고
연인의 달콤한 입술같이 녹아듭니다
항아리에 볏짚 깔아
얼기설기 놓인 연시의 자태가
홍조로 탐스럽게 물들어가고
초겨울날 소쿠리에 가득 담아
밤참으로 내오시던 어머니
가족의 화기애애한 웃음꽃
모정의 달콤한 연정이 겨울에 익어갑니다.

고사목에 핀 꽃

절벽의 모퉁이에 선 흑암의 밤
불현듯 웅크리며 슬그머니 다가오는
검은 운명의 그림자

오싹한 느낌이었으면 좋으련만
현실 속에 불어닥친 풍랑의 회오리
찢기고 터져나가는 상흔의 즐비한 흔적

금전과 명예는 깨져 쏟아지고
육체와 정신은 쇠약해지니
암흑의 터널 속에 갇혀 생력은 꺼져간다

꿈, 희망, 삶의 미련 그리고 목숨
송두리째 부서져 산산조각이 나고
블랙홀의 눈 중심 속에 빨려 들어간다

최후의 선택은 오직 하나
생을 마감하는 그 길뿐
질긴 목숨은 나흘 후에 깨어나더라

사즉생 생즉사라
생과 사의 고비를 넘고 넘어가니
시향의 밭에서 시를 수확하고 있더라.

그대는 여름이었다

그대는 삼복의 얼굴을 하고
숨 가쁜 여름 틈에 찾아왔다
나는 싫다며 돌아섰지만
붉은 뺨이 먼저 그대라고 말을 건다

두려운 다가오는 발걸음 소리에
내 몸은 먼저 반응하고
땀은 강줄기가 되어 흐르고
햇살은 불처럼 내 심신을 태워 간다

먹구름 너머
마파람이 손끝으로 다가오면
서늘한 기억 하나
잠시 후 그대를 매몰차게 밀어낸다

능이 향을 먹은 오리백숙 한 냄비
계곡물의 찬 숨결이
내 지친 심신 위에 덮어가니
나는 안다, 그대는 또 온다는 걸.

Chhetri Pabi

만년설, 히말리아 설경이
병풍으로 둘러싸인
머나먼 나라 네팔 카트만두에서

꿈을 찾아 날아온 랄리구라스 한 송이
물설고 낯선
이국땅 South Korea

식생활 문화와 언어도 생소한
이 땅에서
웃음이 만개(滿開)한 단아한 모습

살갗을 애리는 한파가 불어와도
처음 보는 함박눈에 녹아들어
밝은 미소로 범사에 화답해 준다

우리는
하늘이 맺어준 부녀지간의 숙명
Pabi의 애교에 힘든 여정이 저물어간다.

캘리그라피

하늘이시여 빌고 비옵나니
천지에 운용되는
미학에 기를 허락하소서

역입과 자형이 펼쳐지니
일점 일획에 혼을 담아
붓끝은 필획이 휘감아 돕니다

떨리는 손끝마다 학은 춤을 추고
화선지는 어느새
대가의 대작이 얼굴을 드러냅니다

혼신의 힘을 소진한
캘리그라피 작가의 미소는
환희의 눈물이 솟구칩니다.

여정의 시계꽃

숨 가쁜 일상에 바삐 뛰는 심장 소리
생로(生老)의 긴 시간 속에 돌아간다

고된 인생살이에 흘린 눈물은
행복을 찾아가는 시간 속에 묻혀간다

과거의 시간을 되돌려보아라
그 속에 청춘의 꿈이 잠들어있고

화려한 시절의 시간을
추억이란 보석함에 소중히 넣어두련다

가는 시간을 잡지 못해 아쉬워서
백발의 표식만 시간 속에 꽃피우리라.

안부(安否)

안녕히 주무셨어요
어머니가 외할머니께 여쭙던 말
새벽 네 시 반, 초침 소리만 고요를 깹니다

눈비비며 솥을 열고
한 상 가득 반찬을 담던 손길
그 작은 김치 한 조각에도
그리움이 숟가락처럼 얹혀 있었지요

가는 길, 아직 어두운 골목
당신은 늘 고운 옷처럼
효(孝)를 걸치고 다녀오셨어요

바람보다 먼저 문을 열던 어머니
나는 이제야 압니다
그 따뜻한 손이
외할머니의 등을 쓸던 그 순간이
세상에서 가장 조용한 기도가 되는 것을

자식 된 도리라 말하지 않아도
당신은 이미 말없이 다 보여주셨지요

불편한 잠자리, 아픈 데는 없냐는 그 말이
꽃보다 먼저 피는 사랑인 줄 몰랐어요

이 새벽, 내 안부를 묻는 사람은
더는 없는데
당신이 남기신 그 안부 한 마디가
내 삶을 지키는 등불이 됩니다.

6부

맹울진 그리움

야속한 세월

꽃처럼
활짝 핀 싱그러운 청춘아
그때가 그립다

천지를 호령하고
온 세상을 향해 뛰며 걸으며
삶의 터전으로 만들어 나갔다

빛처럼
흘러가는 세월아
야속하구나

무정한 세월아
천 년 만 년은 아니더라도
백발 성성한 청년이게 해다오

이제 쌓아올린 연륜의 탑
시들지 않는
불멸의 꽃 사랑화 피워보자.

무지갯빛 연정

허공에 깃든 바람 한 줄기가
심장 틈새로 살며시 스며든 그대
낯선 꿈의 날개를 달고
내 안에 조용히 애정의 불을 놓았다

달빛이 목소리를 흘리던 밤에
그대는 선녀의 눈빛이 되어 웃었고
나는 비몽사몽, 그 미소에 젖어
이름도 없이 타오르기 시작했다

사랑은 펼치지 않은 책장
페이지마다 숨겨진 그대의 숨결이
문장 사이를 더듬고 더듬어 간다

무지갯빛 물든 연정
언어보다 깊은 곳에 닻을 내렸고
천년의 밤을 견딜 수 있다면
당신 하나로 세상을 불러보리라.

오백 년의 세월

조선 태조 5년
태평성대와 부국강병을 노래하며
이 땅에 백성의 수호목 되어 태어났다

긴긴 세월
비바람과 모진 풍파를 견디고 견디며
명륜당은 학문과 충, 효, 예의 산실이 되어간다

하남시 교산동 광주향교 주변에
선비의 위엄이 풍기는 수나무 한 그루
지조와 절개를 지키던 암나무 네 그루

하늘이 준 거북이 모양의 터전 위에
논어와 사서오경의 성독 소리가
은행잎은 중중모리장단에 춤을 춘다

아파하지 말아라 은행나무야
세월의 흔적은 새살로 덮어가고
기골 장대한 청춘의 풍채만 뻗어나간다.

시 꽃은 향기롭다

시를 쓴다, 그러나 종이는 울지 않는다
마른 붓끝엔 감정이 말라붙고
단어는 떠돌다 길을 잃는다

명시를 삼켜도 향기는 남지 않고
감성의 강은 메말라 먼지만 날리네
허기진 내면에 시의 떡잎조차 나지 않는다

바람은 말이 없고, 꽃은 침묵하건만
그 속에 담긴 말 없는 언어
자연은 시로 말하고 있었다

시는 입으로 말하지 않더라
심장의 화폭에 시어를 그려
마침내 마음으로 말하기 시작했다.

겨울속에 여름

자연 생태계의 사슬은 만고의 진리
겨울이 지나면
싱그러운 새싹이 동면을 깨우니라

희희낙락하던 행복이 아옹다옹하다
낙하한 낙엽잎 한 장
울분의 꼬투리가 이어가더라

분노
좌절감에 녹아버린 가슴
연정의 보금자리가 저 멀리 날아가네

일어나라, 일어나거라
희망의 불꽃이 그대를 향해 비추는데
용기를 내어
꿈의 시온성 위로 치솟아 올라가라.

침몰하는 범선의 꿈

창공 위에
빼곡히 자리 잡은 무수한 별 중에
처량한 눈빛이 되어 마주친 북두칠성

이 땅 위에
수많은 사람이 무병장수를 염원하고
빌고 빌던 천신의 나침판

내 마음 위에
무심한 외로운 결정체가
밝은 보름달이 섬광처럼 번득일 때
형형색색의 은하수가 호령한다

소원을 말해 보아라
진심을 담아 선(禪)의를 외쳐보아라
머뭇머뭇 농인이 되어간다
난 난 삶의 지평선은 어디로 향해가나.

운명의 연리지는 향기롭다

춘하추동 홀로 걷던 행보(行步)의 길
미지의 희망보다는
하루의 삶에 안주하던 수많은 나날
족(足)함보다는 갈급함에
밀려오는 고독 속에 허덕이니
임의 향기가 흐르는 연못을 찾아다니네
불어오는 색바람에 떠밀려 걸어가고
낮에는 해님이
밤에는 휘엉찬 달빛이 날 위로해 줍니다
임을 찾아 험준한 능선을 넘고 넘어
흘러가는 세월
절망의 늪에 허덕이며 흘린 눈물
척박한 땅 바위틈에 싹트던 밀알이
서로의 마음속에
위무(慰撫)의 단비를 뿌려주었습니다
사랑의 새싹은 희망 속에 돋아나고
심신은 행복 속에 한 몸이 되어가니
언약의 사랑 화가 향기롭게 피어납니다.

야인의 꿈

억새 숲 깊은 그늘 속
내 영혼 하나, 비틀거리며 헤맨다
고요하다고 말하며 웃지만
무아의 빈집을 향해 메아리쳐 운다

바람은 스쳐 가고
인생은 흐름을 따라 외로이 걸어간다
지친 이 몸, 은빛 억새 물결 위에
야인은 살포시 안기어 아늑한 쉼을 청한다

어머니 품 같은 자연이 말없이 안아주면
가슴속, 멍울진 그리움이
눈물로 풀어져 흐르고 있다

저 하늘 위엔
잔잔한 평안의 노래가 퍼진다
나는 그 속에
희망 하나, 가슴속에 그려본다.

사랑의 추억

가로등 불빛이 쏟아지는
외줄기 산책로
걷고 걸으면서 허전함이 밀려온다

사랑의 갈증에 목말라 허덕일 때
불빛 속 비치는 실루엣
천사가 되어 다가와 심장을 두드린다

운명일까, 필연의 고리일까
홀로 앉아 있는 의자 사이로
임의 손짓 따라 이끌려 가더라

한 발짝 한 걸음씩
임의 채취에 취하여 더듬어 가고
교감의 소리를 별빛을 향해 띄웁니다

들리시나요
둘의 마음이 무지개로 엮이는 소리가
임의 향기가 녹아들어 융합 되어간다.

실개천의 느티나무

서러운 눈물의 장대비가 내린다
인적의 발길이 끊긴
황량한 외로운 다리 밑 외길

나 홀로
푸른 자태로 몸단장하고
임이 오시길 학수고대 기다려본다

도랑 사이로 흐르는 물줄기가
외로운 내 마음을 알았을까
배롱나무가 친근하게 다가와 안겨준다

낙심하지 아니하련다
사랑의 인연은 천심이기에
그때. 그 시기가 오면 다시 찾아오겠지요.

눈물의 기도

사랑의 숨소리가 포근하게 느껴진다
태아 때부터 들어오던
정겹게 부르는 어머니의 목소리

폭풍우가 가족의 둥지를 뒤덮어도
낙락장송의 곧은 절개로 극복해 내시고
사랑의 여섯 줄기는 행복 속에 자라난다

북풍 한파가 살갗을 아려도
내 새끼 잘 되라고
장독대 위를 밝히는 소망의 촛불

흐르는 촛농은 어머니 소원의 눈물
정화수에 기도하던 소리는
가족을 사랑하는 희망의 씨앗입니다

몽유(夢遊) 상태로 이끌려서
내가 서 있는 그 자리에
환영(幻影)의 물안개 피어올라
기도하는 모습이 생시(生時)처럼 비칩니다

내 사랑 나의 어머니
그리움에 눈물만 흘러내리고
장독대만 바라보며 회상(回想)을 떠올려본다.

시인이 되어가는 길

마음을 꿈틀거리는 감성의 울림
그 시를 쓰기 위해
주경야독의 고단한 시간을 지새운다

그윽한 밤꽃의 향기에 녹아들어 가니
꽃향기에 취해 감성에 젖어 들고
시향이 흐르는 수문을 활짝 열어간다

한 줄 두 줄 써 내려가는 시의 물줄기가
독자의 입술과 입술 사이로 전해지니
진한 여운이 가슴속에 융합 되어간다

고독한 시인은
초고와 수정의 무한반복 작업 속에
함축된 시어를 찾아 시 꽃을 피어본다.

진흙 속에 핀 연꽃

용인의 백옥마을
어리고 여린 새싹이 돋아난다
인고의 풍파를 견디고 견디면서

토설을 못 할 우울증이 악화하여
생과 사의 경계 속에
이를 악물어 견디어낸 시간이 얼마이던가

흐르던 눈물은 소금 성을 쌓고
명치끝이 치밀어 올라 호흡이 멈춘다
참고 참으면 여명의 빛이 비치겠지

그대여 행복하여라
인고의 시간 속에 핀 꽃은 단련되어
홍조의 빛이 만연하게 피어나더라.

민족의 혼이여 깨어나라

흙 속에 묻힌 단군의 숨결이여
바람결에 실려 다시 피어오르라
분단의 철망을 타고 흐르는
눈물은 강물이 되어 민족의 심장을 적신다

꺼지지 않던 등불 하나,
굶주림 속에서도 타오르던 조국의 불씨
그 불꽃이 오늘
우리의 심장을 다시 밝히네

욕망의 발밑에 부서진 주권
사상의 칼날 위에 떠는 그림자
그러나 절망의 뿌리 깊은 곳에서
희망의 새싹은 자라나고

상처 위에 핀 꽃은
더욱 붉게, 더욱 뜨겁게 타오른다

건아들이여, 역사의 재 위에 서서

피와 땀으로 쌓은 경제의 탑을 바라보라
강철보다 단단한 의지로
자주국방의 꿈을 현실로 일궈내니

바람결에도 울려 퍼진다
민족의 노래, 통일의 노래

이념의 벽 너머
우리는 다시 손을 잡으리니
동틀 무렵, 통일의 새 빛이
산과 강을 물들이리

그날,
한강에서 백두까지 단숨에 흐르고
우리는 모두 하나 된 조국이 되리라.

통일, 그날의 염원

한 줄기 바람이 백두산 기슭을 타고 흐른다.
지리산의 품을 감돌다, 한라의 숨결로 이어진다
끊어질 듯 이어진 이 혈맥은
수천 년을 함께 살아낸 민족의 숨결이요,
오늘도 남과 북을 잇는 보이지 않는 길이다.

역사의 칼날은 얄타 회담부터 삼팔선까지
이 땅을 둘로 나누었고
사상의 이념은 형제를 적으로 만들었다.
한때는 총성이 그치지 않았고,
불탄 들판 위로 피멍 든 시간만이 흐르고 흘렀다.

그러나 우리는 쓰러지지 않았다.
잔해 속에서 다시 일어나
자유와 번영의 나라를 일구었고
어둠 속에서도 빛을 찾으며 걸어왔다.
이 민족은, 꺾여도 다시 피는 봄꽃과 같으니
그 뿌리는 누구도 꺾을 수 없는 정신에 있다.

북녘땅의 아이들이

어느 날, 자기 눈으로 하늘을 보게 되고
귀를 막은 선전이 아니라
진실의 소리로 세상을 듣게 되어
맹약이 아닌 꿈의 미래를 말하여라.

임진각의 바람결에 눈물이 실려 평화를 부른다.
가까우나 먼 그 선 너머에서
서로를 부르며 망설이는 발걸음
무너지지 않는 장벽은 사상이 아니라
용기를 잃은 마음의 벽이 아니던가.

누가 먼저 손을 내밀 것인가.
누가 먼저, 용서를 말하고 사랑을 부를 것인가.
통일은 선언이 아니라
지친 마음들이 서로를 다시 믿기 시작하는
그 순간에 온다.

그날이 오면,
이 밤의 설움도 노래가 되리라.
피눈물로 적시던 시간도
화해의 물결 속에 씻겨가리라.
우리의 분단이, 결국은
더 크고 깊은 하나 됨으로 피어나거라.

서리꽃

늦가을 새벽녘
슬그머니 내려와 둥지를 튼
된서리 꽃

반갑다는 인사말보다도
불청객이 되어
눈살을 찌푸리며 차갑게 해후한다

격한 입맞춤에
혼돈의 세상을 만들고
국화꽃은 아연실색 손사래를 친다

늦가을이여
금수강산 만개한 꽃은 어디 가고
된서리 꽃만 활짝 피었더냐.

평설

김강회 시인의 첫 시집 『詩, 꽃을 품다』

순백의 꽃을 품은 사랑의 미학

송미순(시인, 아동문학가, 평론가)

1. 시작하며

오랜 고통과 인내의 시간을 견뎌내고 마침내 한 송이 꽃을 피워낸 김강회 시인의 첫 시집이 우리 곁에 다가왔습니다. 그 긴 여정을 가까이서 지켜본 저로서는 김강회 시인이 얼마나 무수한 고독과 성찰 속에서 자신의 내면을 단련해 왔는지, 또 시에 담긴 진실한 마음을 지키기 위해 얼마나 꾸준히 애써 왔는지를 잘 알고 있습니다.

김강회 시인은 언제나 겸손함과 깊은 품격으로 자신의 길을 걸어왔으며, 선비와도 같은 올곧은 정신으로 자연과 삶, 그리고 꽃이라는 아름다운 소재를 시로 빚어내어 많은 이들의 마음에 따스한 울림을 선사해 왔습니다. 6년 이 라는 긴 기다림 끝에 세상에 내놓은 『詩 꽃을 품다』는 바로 그러한 그의 문학적 고집과 사랑, 그리고 진심이 모여 만들어진 소중한 결실입니다.
그는 한 편의 시를 완성하기 위해 끊임없는 수련과 자기 성찰을 거듭했으며, 자신의 고유한 목소리를 잃지 않기 위해 늘 조심스럽게 마음을 다듬어 왔습니다. 꽃을 가꾸듯 정성 어린 손길로 자연을 품고, 그 속에 담긴 생명과 빛을 시어에 담아내며, 삶의 소중한 순간들을 노래하는 그의 시는 그야말로 '행복의 노래'라 불러도 손색이 없습니다. 지금의 문단 안에서 이처럼 자신만의 색채와 깊은 메시지를 전하는 시인은 매우 드물다고 할 수 있습니다.

김강회 시인은 아호는 백향이며 용인 남사 진목리에서 태어나 용인에서 고향을 떠나지 않고 그 땅에서 꽃과 시를 가꾸어 온 그는, 샘터 문학 신인문학상, 문예마을 작가회 수필 신인문학상을 비롯해 제8회 신춘문예 샘터 문학상, 글로벌 영상 문학대상, 제4회 네티즌 신춘문학상 최우수상, 문예마을 작가회 공로상, 문학 춘하추동 공로상, 제8회 전국 통일 문학 공모전 천안 시장상 등 다채로운 문학적 성과를 하나하나 쌓아 왔습니다.
또한 문예마을 작가회 서울·경기 지회장(4·5대)을 역임하고, 종합문예지『문학 춘하추동』이사로서 우리 문학계에서 두터운 신뢰와 존경을 받으며, 제1회『문학 춘하추동』시 문학상 수상자라는 타이틀과 더불어 창작과 봉사를 겸비한 선비 정신을 구현하는 문인으로 자리매김하였습니다.
이처럼 김강회 시인의 문학은 삶과 자연을 향한 깊은 사유와 섬세한 감성을 바탕으로, 독자들의 마음속에 진한 울림의 씨앗을 심어줍니다. 그의 첫 시집 『詩, 꽃을 품다』는 바로 그러한 문학 세계의 정수를 집약한 산물이며, 앞으로 펼쳐갈 그의 문학 행보에 많은 이들의 기대와 사랑이 모아질 것입니다.

이제 김강회 시인은 펼쳐 보이는 첫 시 "詩 꽃을 품다"를 감상하며 그의 시심을 함께 느껴보시기 바랍니다.
김강회 시인의 「詩 꽃을 품다」는 단아하고 담백한 언어 속에 순수한 영혼의 빛을 담아낸 시입니다. 절제된 말 한 줄 한 줄에 시인이 품은 간절한 기도가 녹아들어, 독자의 영혼 깊이 온기를 전합니다.

하늘이시여, 빌고 또 빕니다
내 시 한 줄이 꽃처럼 피어
세상의 슬픔에 향기 되게 하소서

눈물로 가득한 이들의 마음에
환한 미소 하나 피어나고
그 웃음이 곧 나의 시가 되게 하소서

고요한 고독의 길 위에서
나는 오늘도 시어를 줍니다
침묵 속에 들리는 감성의 표현이

누군가의 가슴에 시 꽃이 맺히고
잠시라도 위로가 된다면

그 순간 나는 시인이 되어갑니다
-「詩 꽃을 품다」전문 -

첫 연에서 '내 시 한 줄이 꽃처럼 피어 세상에 향기 되게 하소서'라는 구절은 단순한 문장의 차원을 넘어 삶의 슬픔과 고통을 어루만지는 치유의 메시지를 꽃 이미지로 아름답게 승화합니다. 시인은 자신을 낮추어 하늘에 기도하며, 시가 갖는 위로와 공감의 힘을 간절히 바라는 겸허한 마음을 고백합니다.

두 번째 연에서는 '눈물로 가득한 이들의 마음에 환한 미소를 피우게 하는 시'로서, 시가 가진 사랑과 연대, 치유의 또 다른 얼굴을 보여줍니다. 이 구절은 시가 개인의 아픔을 넘어 사회적 위로와 인간애로 확장될 수 있음을 섬세하게 드러냅니다.

세 번째 연에서는 '고요한 고독의 길'이라는 상징적 공간에서 시어를 줍고, 그 침묵 속에 숨어 있는 감성을 표현하는 시인의 창작 과정을 조용히 음미하게 합니다. 이러한 표현은 시인 내부의 고독한 사유와 깊은 영감을 담아내며, 시가 탄생하는 신비한 순간을 독자에게 전달합니다.

마지막 연에서 '누군가의 가슴에 시 꽃이 맺히고 잠시라도 위로가 된다면'이라는 다짐은 시인이 지닌 시의 존재 이유와 자기 정체성의 근원을 보여줍니다. 그 순간 '나는 시인이 되어간다'는 고백은 시와 독자, 시인 자신이 긴밀히 연결되는 교감의 순간이자, 시 창작의 본질적인 의미를 함축

합니다.

전체적으로 이 시는 시 창작의 숭고한 의미와 내면 세계를 고요하면서도 강렬하게 그려내며, 독자와 시인 간에 마음의 꽃을 함께 피우는 따뜻한 소통을 이루어내고 있습니다. 절제된 언어 속에 담긴 깊은 의미는 우리로 하여금 시가 단지 글이 아니라 삶과 마음에 닿는 꽃임을 깨닫게 합니다. 김강회 시인의 문학 세계는 단순한 언술에 머물지 않고, 삶과 감정의 미묘한 결을 정갈하고 우아하게 표현해 내는 진정한 시학의 미덕을 보여줍니다. 이 작품은 시의 치유력과 존재 가치를 재확인시켜 줄 뿐 아니라, 시를 사랑하고 존중하는 시인 자신의 마음 깊은 곳에서 우러나온 감동적인 선언이기도 합니다.

따라서 「詩, 꽃을 품다」는 김강회 시인이 앞으로 펼쳐 갈 문학 여정의 서막으로서, 시인은 물론 독자 모두에게 희망과 위로의 꽃을 피우는 아름다운 약속으로 오래도록 기억될 것입니다.

『무지갯빛 연정』은 한 줄기 바람처럼 허공을 스치며, 우리의 마음 깊은 곳에 조용히 스며드는 사랑의 순간을 섬세하고 아름답게 그려 낸 작품입니다.

　　　　허공에 깃든 바람 한 줄기가

심장 틈새로 살며시 스며든 그대
낯선 꿈의 날개를 달고
내 안에 조용히 애정의 불을 놓았다

달빛이 목소리를 흘리던 밤에
그대는 선녀의 눈빛이 되어 웃었고
나는 비몽사몽, 그 미소에 젖어
이름도 없이 타오르기 시작했다

사랑은 펼치지 않은 책장
페이지마다 숨겨진 그내의 숨결이
문장 사이를 더듬고 더듬어 간다

무지갯빛 물든 연정
언어보다 깊은 곳에 닻을 내렸고
천년의 밤을 견딜 수 있다면
당신 하나로 세상을 불러보리라.
〈무지갯빛 연정 〉 전문 -

김강회 시인의 시 『무지갯빛 연정』은 사랑의 시작부터 영원함에 이르기까지, 다채로운 감정을 환상적이면서도 깊이 있게 표현한 서정시입니다.
시의 첫 구절 '낯선 꿈의 날개를 달고'는 사랑의 시작을 새롭고 설레는 여정에 비유하며 독자의 감성을 자극합니다. 이어지는 '달빛이 목소리를 흘리던 밤에, 그대는 선녀의 눈빛이 되어 웃었고'라는 표현은 마치 한 폭의 신비롭고 아름다운 그림처럼 사랑의 순간을 생생하게 그려냅니다. 사랑이 그저 감정에 머무르지 않고 현실과 꿈 사이를 넘나드는 고요한 마법임을 느끼게 합니다.

'사랑은 펼치지 않은 책장'이라는 비유는 아직 다 읽히지 않은, 무한한 가능성을 품은 사랑의 세계를 상징하며, '숨결이 문장 사이를 더듬는다'는 섬세한 묘사는 말로 다 표현하기 어려운 사랑의 은은한 감각을 아름답게 보여줍니다. 마지막 연에서는 '무지갯빛'이라는 다채로운 색채가 사랑의 빛깔을 다층적으로 드러내고, '천 년의 밤을 견딜 수 있다면'이라는 시간의 무게감을 통해 변치 않는 영원한 사랑을 노래합니다. 이로써 사랑이 세상을 새롭게 열어가는 강력한 힘임을 시적으로 담아냅니다.

『무지갯빛 연정』은 단순한 서정시를 넘어, 언어 너머의 감각과 영혼에 닻을 내리는 사랑의 본질을 섬세하게 담아낸 작품입니다. 독자는 이 시를 통해 사랑의 다채로운 감정과 시간을 초월한 깊이를 몸과 마음으로 온전히 느끼며, 진정한 연정이 주는 감동을 오래도록 간직하게 됩니다.

김강회 시인의 『무지갯빛 연정』은 사랑의 미묘한 빛깔과 숨결, 그리고 영원함에 대한 탐구가 어우러진, 우리에게 깊은 울림을 전하는 아름다운 시라고 할 수 있습니다.

김강회 시인의 「평화의 소녀상」은 단순한 기억의 기록을 넘어, 역사적 상처를 온몸으로 품고 그 상흔 위에 새로운 가능성과 희망을 심는 강렬한 선언이다. 이 시는 '소녀상'

이라는 구체적 대상이 지닌 역사적 무게와 그 상징성을 뛰어넘어 인간 존엄과 저항의 의미를 깊이 탐색한다는 점에서 매우 의미심장하다.

> 작은 손엔 인형 대신 눈물이 있었고
> 치마저고리 아래 떨리는 숨결 위로
> 전쟁은 소녀의 이름을 앗아갔다
> 그러나 그 눈동자는 끝내 꺼지지 않았다
>
> 낯선 땅, 차디찬 바람 속에서도
> 당신은 울음을 삼키며
> 하늘을 품은 이불을 덮고
> 다시 살아낼 날을 가슴에 심었다
>
> 당신의 침묵은 외면이 아니라 용기였고
> 당신의 고통은 짓밟힘이 아니라 저항이었다
> 그 오래된 상처 위에 우리는 묻는다
> 잊지 않겠다는 말로만 충분한가
>
> 이제 우리는 당신의 봄이 되리니
> 그 이름 하나하나, 바람보다 먼저 부르리
> 기억은 우리의 꽃이 되고
> 그대는 영원히 지지 않을 평화의 얼굴이다.
> 〈평화의 소녀상〉 전문-

작품은 "작은 손엔 인형 대신 눈물이 있었고"라는 첫 구절에서부터 독자에게 잊지 못할 슬픔의 현장을 연출한다. 어린 소녀의 손에서 인형이 사라지고, 그 자리를 눈물이 대신한다는 이미지는 전쟁과 폭력에 의해 빼앗긴 '순수'와 '평화'의 부재를 상징적으로 보여준다. 특히 "전쟁은 소녀의 이름을 앗아갔다"는 표현은 단지 신체적 피해뿐 아니라 정체성과 존엄성마저 파괴당한 역사의 비극을 함축하고 있어, 전쟁 피해자 개인의 고통을 넘어선 역사 전체의 아픔을 드러낸다.

시의 중반부에 이르러, "낯선 땅, 차디찬 바람 속에서도"라는 구절은 피해자의 몸이 뿌리내린 공간적·시간적 고립을 묘사하며, 그것이 단지 물리적 장소가 아니라 고통과 상실이 지속되는 심리적 공간임을 환기한다. 그러나 그러한 고립 속에서도 '울음을 삼키며', '다시 살아낼 날을 가슴에 심었다'는 구절은 절망적인 현실에 굴복하지 않고 희망과 저항을 내면화하는 강인한 생명력을 노래한다. 시인은 침묵을 '외면'이 아니라 '용기'로, 고통을 '짐작'이 아니라 '저항'으로 해석함으로써 피해자의 목소리를 대신해 역사를 바로세우려는 의지를 드러낸다.

마지막 연에서는 "잊지 않겠다는 말로만 충분한가"라는 질문을 통해 기억의 실천적 의의를 묻는다. 단순한 기억과 추모를 넘어, 그 기억이 현실에서 어떻게 '평화'의 얼굴이 될 것인가를 독자와 함께 성찰하게 만든다. "이제 우리는 당신의 봄이 되리니"라는 희망적인 선언은 과거의 고통을 넘어 미래를 향한 연대와 책임을 강조하며, 시적 화자의 손길이 피해자의 상징성을 꽃피우는 '기억의 꽃'으로 승화됨을 보여준다.

김강희 시인은 이 시를 통해 역사적 피해자를 단순한 피해자로만 머물게 하지 않고, 그들의 고통과 침묵이 우리 모두의 '평화'와 '인권'에 대한 감수성과 행동으로 이어져야 함을 강력하게 제안한다. 언어의 절제된 미감과 서정적 이미지들이 깊은 울림을 주며, 한일 역사 문제를 넘어 인류 보편의 평화 메시지를 담아내는 데 성공한 작품이라 할 수 있다.

「평화의 소녀상」은 우리에게 단순한 기억의 갱신을 넘어, '기억하는 자의 몫'이 무엇인지 묻고 행동의 당위성을 강하게 환기시키는 시적 성찰이자 사회적 선언이다. 김강희 시인의 섬세한 시선과 진정성 어린 목소리가 우리 시대에 꼭 필요한 '기억과 평화의 시'를 써냈다고 평가한다. 이 시는 평화운동 및 인권 문제 문학에 귀중한 목소리를 더하며, 앞으로도 많은 독자에게 깊은 감동과 사유를 선사할 것이다.

김강희 시인의 「효(孝) 그리고 후회와 깨달음」은 단순한 효(孝)의 이야기를 넘어, 시간과 기억, 그리고 삶과 관계의 미묘한 감정을 섬세하게 담아낸 작품이다. 시는 아버지와의 관계를 중심으로 과거의 세월을 회상하며, 그 속에서 느낀 아련한 후회와 깊은 깨달음을 차분한 어조로 전한다.

> 시간은 마른강물처럼 스미고,
> 청춘은 바람처럼 흘러가 버렸다
> 둥근 달 아래 외로이 서니
> 내 그림자, 아버지의 모습 닮았더라
>
> 그 시절 벼락같은 열정이었고
> 아버지는 굽은 소나무로 나를 막으셨지
> 모질게 퍼붓던 회초리 속에는
> 먼 조상의 숨결이 서려 있었네
>
> 꿈결마다 안개처럼 피어오르는 웃음
> 창밖 달빛 되어 등을 쓰다듬으시네
> 묵은 향 번지는 훈육의 말
> 사랑은 꾸짖음 속에 숨어 있느니라
>
> 이제야 문 안의 돌계단을 닦듯
> 아버지의 말씀을 하나하나 새긴다
> 효(孝)라 이름 붙인 그 조용한 울림이
> 내 마음 깊은 곳에서 울고 있더라.
> 〈효(孝) 그리고 후회와 깨달음〉 전문-

첫 연에서는 시간의 흐름을 '마른 강물'과 '바람'에 빗대어 청춘이 흘러간 자취를 담담히 그려낸다. 그리하여 화자가 서 있는 '둥근 달 아래'는 단순한 밤의 풍경이 아니라, 내면의 고독과 성찰을 상징하는 자리로 확장된다. 무엇보다 '내 그림자, 아버지의 모습 닮았더라'는 구절은 화자가 아버지의 이미지를 이제야 비로소 자신 안에 인지하게 되는 순간을 선명히 드러낸다.

이어지는 연에서 '벼락 같은 열정'과 '굽은 소나무'라는 강렬한 대비를 통해 아버지의 엄중하고도 깊은 사랑의 태도를 나타낸다. '모질게 퍼붓던 회초리'라는 표현 속에 숨겨진 '먼 조상의 숨결'은 단순한 훈육을 넘어 세대를 관통하는 가치와 책임감을 드러내어, 아버지의 행동이 단지 폭력성이 아니라 전통과 효(孝)의 맥락에서 이해되어야 함을 암시한다.

셋째 연에서는 화자의 꿈과 기억이 마치 '안개'와 '달빛'처럼 희미하고도 은은하게 아버지의 사랑과 연결됨을 시적으로 묘사한다. '사랑은 꾸짖음 속에 숨어 있느니라'는 문장은 효(孝)의 본질을 함축하는 동시에, 사랑과 훈육이라는 이중적 관계를 깨닫게 해준다. 이는 일차원적인 효의 개념을 넘어 사랑의 복잡한 양상을 깊이 성찰하게 만드는 힘이 있다.

마지막 연은 화자의 내면 변화와 성찰을 담고 있다. '문 안의 돌계단을 닦듯'이라는 비유는 느리지만 세심한 마음가짐으로 아버지의 가르침을 하나하나 되새기고, 그 의미를 새겨 가는 과정을 상징한다. '효라 이름 붙인 그 조용한 울림'은 겉으로 드러나지 않는 내면의 진동으로, 결국 후회와 깨달음이 한데 어우러져 깊은 경건한 감정을 자아낸다.

이 시는 전통적인 효(孝)의 미덕을 단편적인 도덕률로 다루지 않고, 세대를 잇는 삶의 심연에서 경험하는 고통, 사랑,

그리움, 그리고 깨우침을 통합적으로 탐구한다. 시인의 언어는 간결하면서도 상징적으로 다층적 의미를 부여하며, 독자로 하여금 삶과 관계에 대한 근본적인 질문을 던지게 한다는 점에서 매우 감동적이다.

「효(孝) 그리고 후회와 깨달음」은 아버지와 자식 간의 보편적인 갈등과 사랑을 넘어, 인간 존재와 시간, 정체성에 대한 서정적 성찰을 보여 주는 걸작이라 할 수 있다. 이 시집을 통해 한국 현대시가 가진 전통과 개인적 심리를 아름답게 융합하는 정서적 깊이를 느낄 수 있으리라 믿는다.

김강회 시인의 『백목련화』는 백목련이라는 고귀한 자연의 존재를 통해 순수성과 사랑, 그리고 그리움의 감정을 절제되면서도 깊이 있게 형상화한 서정시입니다. 단순한 꽃의 묘사에 그치지 않고, 그 안에 내포된 상징성과 시인의 감정을 섬세하게 담아내어 독자에게 강렬한 잔상을 남기는 작품이라 할 수 있습니다.

> 장엄하도다
> 산기슭 홀로 핀 백설의 이름이요
> 웅장하고 아름답게 웃고 있구나
>
> 세 개 꽃받침 위에
> 여섯 개의 꽃잎은 춤을 추고
> 삼십 개의 꽃술이 정답게 노니는구나

내 사랑 백의 천사여
찬란한 후광이
전신에 품어 올라 눈빛을 가리는구나

아카시아 향이 불어오면
나 홀로 남겨두고
이루지 못한 사랑에 울고 있구나.
〈백목련〉 전문-

시의 첫 연은 백목련의 장엄함과 고결함을 웅장하게 드러냅니다. '장엄하도다 산기슭 홀로 핀 백설의 이름이요'라는 표현에서 '백설'로 비유되는 목련은 한 겨울의 눈처럼 순백의 강렬한 존재감을 갖고 있으며, 산기슭이라는 고요하고 적막한 공간에 홀로 피어 있음으로써 그 고독함과 아름다움이 배가됩니다. '웅장하고 아름답게 웃고 있구나'는 눈부신 광채와 순수의 환희를 동시에 내포하여, 단순한 꽃의 시각적 이미지에서 나아가 살아 숨 쉬는 생명체로서의 백목련을 시각화합니다.

둘째 연에서는 꽃의 세밀한 형태 묘사를 통해 자연에 대한 시인의 예리한 관찰력과 애정이 돋보입니다. '세 개 꽃받침 위에 여섯 개의 꽃잎은 춤을 추고'라는 표현은 정적인 꽃의 모습을 '춤'이라는 동적인 이미지로 전환시켜 생명력과 우아함을 강조합니다. 또한 '삼십 개의 꽃술이 정답게 노니는구나'라는 의인화적 표현은 꽃의 부분들이 마치 친밀하게 어우러져 살아 있는 공동체를 이루고 있음을 느끼게 해, 자연 속 작은 세포 하나하나에 담긴 조화를 은유합니다.
셋째 연에서는 백목련을 '내 사랑 백의 천사여'라고 직접 호명하며 친밀함과 숭고한 경외감을 동시에 표현합니다. '찬란한 후광이 전신에 품어 올라 눈빛을 가리는구나'라는 구절은 그 존재의 신성함과 순결함, 영혼을 압도하는 빛남을 이미지화해, 시인이 이 꽃에 부여한 이상적이고 초월적인 의미를 강하게 드러냅니다. 이는 단순한 자연 현상을 넘어 영적이고 신비로운 존재로의 백목련을 환기시키며, 독자로 하여금 꽃을 마주할 때 느끼는 내면의 경외심을 공유하게 합니다.
마지막 연은 시적 서사를 확장시켜 사랑과 상실의 정서를 절절하게 그려냅니다. '아카시아 향이 불어오면 나 홀로 남겨두고 이루지 못한 사랑에 울고 있구나'에서는 아카시아 향이라는 공간적이고 감각적인 요소가 등장해 시인의 고독과 슬픔을 감싸 틈새를 만든다. 그윽한 향에 떠오르는 이루지 못한 사랑은 한층 더 절실하고 쓸쓸한 정조를 부여하며, 백목련이 단순한 식물이 아니라 그리움과 연민, 미완성된 사랑의 상징으로 자리매김하게 합니다. 여기에 '울고 있구나'라는 직접적인 인간적 감정 표현은 시의 내밀한 감동을 극대화하며, 독자의 공감과 감정을 강하게 자극합니다.

　김강회 시인의 『백목련화』는 정교한 이미지와 섬세한 감정의 결합으로 자연과 인간의 심연을 응시하는 작품입니다. 시는 자연물을 단순히 관조하는 데 그치지 않고, 그 안에 내재된 순수함과 영혼, 사랑의 애절함까지 아우르며 보편적 공감으로 확장시킵니다. 시어 하나하나의 선택이 깔끔하면서도 아름답고, 시의 리듬과 구성 또한 균형 잡혀 있어 서정시로서의 완성도를 높입니다.

이 시는 독자에게 고요하면서도 깊은 울림을 전하며, 자연과 감정 세계 사이를 잇는 다리 역할을 훌륭히 수행합니다. 백목련의 청아한 이미지에 인간의 복잡한 심경을 녹여 내어, 시대를 초월한 서정성과 아름다움을 표현한 점에서 평론집에 수록해 깊이 있는 조명과 함께 독자들의 감동을 끌어낼 만한 충분한 가치가 있다고 봅니다.

김강회의 시 '모정(母精)'은 어머니에 대한 깊은 그리움과 사랑을 섬세하고 진솔하게 그려낸 작품으로, 독자로 하여금 모성의 본질과 인간 존재의 근원을 다시금 되새기게 만드는 힘을 지니고 있습니다.

> 대문 틈 사이로 바람이 서성입니다
> 어머니 그림자는 달빛 속에 녹아들어
> 내 이름을 부르는 숨결만 남았습니다
>
> 별빛 한 줌에 어머니를 담아봅니다
> 고요한 밤이 눈물처럼 흐르고
> 기억은 자꾸만 시간을 거슬러옵니다
>
> 이마를 쓰다듬던 손길이 그립습니다

주름진 손바닥에 담긴 온기가 흐르고
내 마음은 여전히 그 품에 머뭅니다

세상이 바쁘게 돌아가도
어머니의 향기는 늘 나를 멈추게 하고
그리움은 매일 꽃처럼 피어납니다

천 년이 흘러도 변하지 않을
그 이름 하나, 어머니
내 삶의 시작이자 끝인 분입니다.
〈 모정(母精) 〉 전문-

시의 첫 연은 '대문 틈 사이로 바람이 서성입니다'라는 문장으로 시작해, 어머니의 부재 속에서도 그 존재감이 일상에 스며들어 은밀히 머무르고 있음을 암시합니다. '어머니 그림자는 달빛 속에 녹아 들어, 내 이름을 부르는 숨결만 남았습니다'라는 표현에서, 어머니의 실체는 사라졌지만, 그 흔적과 사랑은 여전히 빛처럼 흐르고 있음을 아름답게 형상화합니다. 이처럼 시인은 어머니의 부재를 단순한 상실이 아니라 영원한 존재로 승화시키며, 공간과 시간의 경계를 넘나드는 모성의 신비를 드러냅니다.

두 번째 연에서는 '별빛 한 줌에 어머니를 담아 봅니다'라는 구절로 어머니에 대한 기억을 하늘의 광채처럼 영롱한 이미지로 담아내며, 고요한 밤과 눈물, 그리고 시간의 역행이라는 요소들을 통해 내면의 감정을 깊이 있게 표현합니다. 이는 어머니를 향한 그리움이 단순한 회상이 아니라 시간과 공간을 초월하는 생생한 체험임을 상징합니다.

세 번째 연에서는 '이마를 쓰다듬던 손길'과 '주름진 손바닥에 담긴 온기'라는 구체적이고 따뜻한 이미지가 등장해, 어머니의 사랑과 보호가 신체적 접촉을 매개로 한 감성적 기억으로 전환됩니다. 여전히 '그 품에 머뭅니다'라는 표현은 끝나지 않은 애정과 안전한 안식처로서의 어머니의 존재가 지속됨을 보여 줍니다. 이는 깊은 정서적 유대감을 불러일으키며, 독자 역시 자신만의 '어머니'를 떠올리게 만듭니다.

네 번째 연에서 '세상이 바쁘게 돌아가도 어머니의 향기는 늘 나를 멈추게 하고'라는 구절은 현실의 소란과 속도 속에서도 잊히지 않는 모성의 영향력을 강조합니다. '그리움은 매일 꽃처럼 피어납니다'라는 비유는 고통스러운 상실감조차도 생명력 있는 감정으로 거듭나며, 애틋한 감정이 하루하루 새롭게 피어난다는 생동감을 부여합니다.

마지막 연에서 '천 년이 흘러도 변하지 않을 그 이름 하나, 어머니'라는 단순하지만, 힘 있는 문장은 모성에 대한 경외와 영원불멸의 사랑을 압축적으로 드러냅니다. '내 삶의 시작이자 끝인 분입니다'라는 결구는 인생의 근본적 원천으로 어머니를 인식하는 인간 존재에 대한 근본적 통찰을 담아내며, 시 전체를 아우르는 감동적인 마침표 역할을 합니다.

김강회 시인은 서정적 이미지와 감각적인 언어를 통해 모성의 근원적 힘과 그리움의 심연을 정교하게 조형하면서, 개인적인 감정이지만 누구에게나 보편적인 정서로 확장되는 시적 경험을 구현했습니다. '모정'은 어머니에 대한 기억과 사랑이 단순한 회상이나 감정의 표출을 넘어서, 인간 존재의 가장 본질적인 정체성과 삶의 의미에 대한 사유로 나아가게 하는 깊이 있는 작품이라 할 수 있습니다.

결론적으로 이 시는 매우 우아한 언어와 감성으로 모성에 대한 진솔한 경의를 표현하며, 독자에게 따뜻한 위로와 함께 인생과 사랑에 대한 성찰을 불러일으키는 아름다운 서정시로 평가할 만합니다. 김강회의 '모정'은 그리움이라는 감정의 정취를 섬세히 포착한 동시에, 영원한 존재로서 어머니를 다시금 마음에 새기게 만드는 걸작입니다.

김강회의 「꽃시인의 근원」은 시인이 겪는 내적 고통과 그로부터 생겨나는 창작의 본질적 순간을 섬세하게 그려낸 작품이다. 시 전체를 관통하는 '비바람'과 '계절'은 시인이 맞닥뜨리는 힘겨운 삶의 고난과 변화의 상징으로, 이 앞에서 시인은 자신의 내면마저 제대로 피워 내지 못할 만큼 깊은 고뇌에 빠져 있음을 보여 준다.

> 비바람은 늘 시보다 먼저 다가왔다
> 등을 돌리는 계절 앞에

나는 나조차 피워낼 수 없었다

굽이진 삶의 골목마다
버려진 시어들이 눈처럼 쌓였고
그 속에서 울음마저 얼어붙었다

서명의 빛이 다가오던 그날
누군가의 고요한 숨결이
내 감성 공간에 작은 싹을 틔웠다

말 없는 손길,
바람처럼 스며든 따뜻한 이름 하나가
잊힌 문장을 다시 피워 올렸다

꽃이 피기 전의 시는
언제나 외로움의 연속
처절한 사투속에 시인이 되어간다.
〈 꽃시인의 근원〉 전문 -

특히 '굽이진 삶의 골목마다 버려진 시어들이 눈처럼 쌓였다'는 구절은, 시인이 삶 속에서 반복되는 상처와 고통을 겪으며 수많은 글자와 감정을 마음속에 묻어 두었음을 은유적으로 나타낸다. 그 '울음마저 얼어붙었다'는 표현은 그 고통이 단순한 슬픔이 아니라 내면의 정서가 동결되어 무기력한 상태에 이르렀음을 뜻한다. 이는 현대 시가 흔히 다루는 개인적 상처와 외로움, 그로 인한 창작의 난항을 상징하며, 시인의 정서적 깊이를 엿볼 수 있게 한다.

그러나 시는 '서명의 빛'이 다가오던 그날, '누군가의 고요한 숨결'이 감성 공간에 작은 싹을 틔우는 순간으로 전환된다. 이 부분에서 '서명의 빛'은 시인 삶에 새로운 의미나 희망이 비추이는 순간, 혹은 창작의 영감이 깃드는 순간으로 해석할 수 있다. '말 없는 손길'과 '바람처럼 스며든 따뜻한 이름'은 직접적으로 드러나지 않지만, 시인의 내면에 깊은 울림을 남긴 어떠한 존재—사람, 기억, 혹은 어떤 예술적 체험—를 암시하며, 그것이 잊혀졌던 문장들을 다시 꽃피우게 만들었음을 서정적으로 그려 낸다.

시의 마지막 연은 '꽃이 피기 전의 시'가 '언제나 외로움의 연속'이며 '처절한 사투 속에 시인이 되어 간다'고 말하면서, 한 편의 시가 완성되기 전의 과정이 단순한 창작 행위가 아닌, 내면의 고독과 싸움의 연속임을 명확히 한다. 이 고귀한 투쟁이 있기에 비로소 시인은 진정한 '꽃시인'으로 거듭날 수 있음을 은유적으로 드러낸다.

종합하면, 「꽃시인의 근원」은 시 창작의 본질을 내면화된 고통과 외로움, 그리고 그 속에서 움트는 희망과 영감의 순간으로 압축하여 보여주는 작품이다. 김강회 시인은 말없이 성찰하는 손길 같은 존재가 있기에 비로소 시인의 감성이 살아나고 시가 화려하게 피어날 수 있다는 메시지를 전한다. 이 시는 창작에 대한 근원적 질문과 그 과정을 딛고 일어서려는 인간 내면의 의지가 깊은 울림으로 다가오는 수작이라 평가할 수 있다.

김강회의 「날개 없는 천사」는 우주적 이미지와 인간 내면의 연대를 섬세하게 엮어내며, 절망 속에서도 희망과 사랑의 불씨를 지피려는 진심 어린 염원을 노래하는 시이다. 시인은 '우주의 공간에 반짝이는 별'을 동경하며, 그 빛이 '음지를 비추는 빛'이 된다고 말함으로써 고난과 어둠에 가려진 이들에게 작은 위로와 길잡이가 되기를 바라는 마음을 암시한다. 이는 단순한 자연 묘사를 넘어, 우리 삶의 어두운 순간을 밝히는 원천으로서의 '빛'과 희망의 상징성이 중층적으로 작용함을 보여 준다.

우주의 공간에 반짝이는 별을 보았지
그 별의 눈부신 후광이
음지를 비추는 빛이 되어주었네

폴라리스여, 기뻐하여라
기부는 마중 같은 샘의 물줄기
절망의 터널을 관통하는 불꽃이어라

일어나라
성심을 밝히는 등불이여
선의와 나눔이 생동함을 알게 해주라

사랑의 불꽃이여 활활 타올라
온정의 손을 잡고 또 잡아서
적막강산, 희망의 촛불을 점화해 다오.
〈 날개 없는 천사〉 전문 -

'폴라리스여, 기뻐하여라' 부분에서 등장하는 '폴라리스'는 북극성을 뜻하며, 고대부터 길잡이 역할을 해 온 별이다. 여기서 시인은 절망과 혼돈 속에서도 방향을 잃지 않고 나아가라는 메시지를 전한다. 이어지는 '기부는 마중 같은 샘의 물줄기', '절망의 터널을 관통하는 불꽃'이라는 비유는 도움과 나눔이 고통의 깊은 터널을 뚫고 희망의 불씨가 된다는 사실을 아름답게 묘사한다. 이는 곧 사회적 연대와 자비의 가치가 가진 강력한 치유력을 시적으로 구현한 것이라 할 수 있다.

'일어나라 / 성심을 밝히는 등불이여'는 절망을 넘어선 내면의 각성과 꺼져 가는 의지를 다시 불러내는 외침이다. '선의와 나눔이 생동함을 알게 해 주라'는 간절한 바람 속에는 세상에 긍정적 변화를 일으키는 힘으로서 인류애를 강조하는 철학이 담겨 있다. 특히 '사랑의 불꽃'이 '온정의 손을 잡고 또 잡아서 / 적막강산, 희망의 촛불을 점화해 다오'라는 구절은 절망으로 고요한 땅 위에 온기가 퍼져 나가길 바라며, 연대와 사랑의 감정이 공동체를 일으키는 가장 근본적인 원동력임을 시적으로 설파한다.

이 시는 거대한 우주적 공간과 인간 내면의 심연을 연결하여, 우리가 직면한 삶의 어둠 속에서 '날개 없는 천사'—곧 보이지 않지만 늘 곁에 있는 작은 희망과 사랑의 힘—가 우리를 일으켜 세운다는 메시지를 전한다. 비록 물리적 날개는 없지만 그 불씨와 손길은 우리에게 살아 갈 용기를 불어넣는 '천사'가 된다. 김강회의 시적 감수성은 이처럼 희망과 공감의 노래를 통해, 오늘날 복잡하고 어려운 현실 속에서 각자의 자리에서 빛과 사랑의 등불이 되어야 한다는 보편적 동참을 우아하고 감동적으로 촉구한다.

결국 「날개 없는 천사」는 절망과 무력감을 넘어서는 인류애와 희망의 선언문이다. 시인은 단순히 이상향을 그리는 데 그치지 않고, 우리가 주체적으로 '사랑의 불꽃'을 지피며 '선의와 나눔'을 실천함으로써 서로에게 '희망의 촛불'을 전해 줄 수 있음을 확신한다. 이로써 시는 오늘을 살아가는 우리 모두에게 깊은 감동과 함께 삶의 진정한 의미를 되새기게 하는 힘 있는 작품으로 자리매김한다.

김강회의 「만추(晚秋)의 기쁨」은 가을의 풍요로움과 자연의 아름다움을 섬세하게 그려 내며, 더불어 인간의 노동과 삶의 결실이 어우러져 만들어 내는 깊은 행복감을 담아낸 시이다. 시인은 늦가을의 정취를 단순한 계절적 배경에 머물지 않고, 자연과 인간의 내밀한 조화를 통해 존재의 근원적 기쁨을 포착한다.

고추바람 살갗을 아리게 스며들고
녹조봉 계곡 따라 온돌을 찾아가면
언 몸에 따뜻한 숨결이 퍼진다

붉게 물든 금수강산의 가을빛

이 산 저 산, 단풍이 메아리치고
　　　향연에 취한 마음은 멀리 흩어진다

　　　진목 들녘 황금빛으로 물들며
　　　탱글탱글 여문 벼이삭 고개 숙이고
　　　농부의 땀이 고요히 익어간다

　　　만곡의 기쁨이 들판을 춤추게 하고
　　　겨울 양식 앞에 마음은 넉넉해져
　　　행복의 미소가 땅 위로 번져간다.
　　　　　　　〈만추(晩秋)의 기쁨 〉 전문-

첫 연에서 '고추바람 살갗을 아리게 스며들고'라는 표현은 날카롭고 차가운 가을바람이 몸에 밀려드는 감각을 생생하게 전달하며, 이로써 늦가을의 쓸쓸함과 동시에 사색적 분위기를 자아낸다. '녹조봉 계곡 따라 온돌을 찾아 가면 / 언 몸에 따뜻한 숨결이 퍼진다'는 구절은 차가운 자연 속에 인간의 온기가 스며드는 순간을 아름답게 묘사한다. 특히 '온돌'이라는 우리 고유의 난방 방식은 전통과 인간 생활의 연속성을 상징하며, 단순한 자연 묘사를 넘어 '삶의 온기'와 '안식'을 은유한다.

이어지는 두 번째 연은 '붉게 물든 금수강산'이라는 표현으로 우리의 산천이 가을빛으로 찬란하게 빛나는 모습을 한 폭의 그림처럼 그려 낸다. '이 산 저 산, 단풍이 메아리치고 / 향연에 취한 마음은 멀리 흩어진다'는 시어에서는 단풍이라는 자연의 색채가 단순한 시각적 아름다움을 넘어 마음의 울림과 감동을 일으키는 '향연'으로 확장된다. 이는 자연과 인간 감성의 경계를 허물어, 독자에게 깊은 정서적 연결을 유도한다.

세 번째 연에서는 '진목 들녘 황금빛으로 물들며'와 같은 농익은 풍경과 '탱글탱글 여문 벼이삭 고개 숙이고'라는 생동감 넘치는 묘사가 돋보인다. 고개를 숙인 벼의 모습은 겸손과 수확의 결실을 상징하며, '농부의 땀이 고요히 익어간다'는 구절은 인간의 고된 노력과 시간이 자연의 변화 속에서 조화롭게 녹아드는 순간을 담아낸다. 이로써 시는 단지 자연의 아름다움에 머무르지 않고, 인간 노동의 숭고함과 그 결실인 풍요와 행복을 담아내어 삶과 자연의 순환을 시적으로 재현한다.

마지막 연은 '만곡의 기쁨이 들판을 춤추게 하고 / 겨울 양식 앞에 마음은 넉넉해져 / 행복의 미소가 땅 위로 번져 간다'는 대목으로 종결된다. '만곡'이란 추수철을 의미하며, 이는 노력의 결실이 극대화된 시점이다. 여기서 시인은 풍요로운 수확 앞에서 자연과 인간, 노동과 보람이 하나로 어우러지는 '기쁨의 축제'를 그린다. '행복의 미소'는 눈에 보이지 않는 감정이지만 땅 위로 '번져 간다'는 표현을 통해, 이 기쁨이 주변과 공동체로 자연스럽게 확산되는 모습을 형상화하였다. 이는 공동체적 연대감과 삶의 충만함을 은은하게 드러내는 동시에, 독자에게도 따뜻한 감동을 불러

일으킨다.

결국 「만추의 기쁨」은 늦가을이라는 시간적 배경을 매개로 자연과 인간 존재, 노동과 수확의 심오한 상관관계를 응축한 시이다. 김강희 시인은 세심한 이미지와 섬세한 감각을 통해 자연의 변화가 곧 인간 삶의 변화이며, 그 속에서 피어나는 가슴 깊은 기쁨과 평화를 아름답게 조명한다. 이 시는 계절의 정취를 넘어 우리 내면의 풍요와 감사, 그리고 인간과 자연이 어우러져 만들어 내는 삶의 온기를 깊이 성찰하게 만든다. 이를 통해 시인은 오늘날 바쁘고 각박한 현실 속에서도 자연의 순환과 인간의 노동이 지닌 본질적 아름다움을 되새기며, 진정한 행복의 의미를 독자에게 감동적으로 전달한다.

이제 135편이라는 긴 여정의 끝자락에 다다랐습니다. 한 편 한 편 정성 담아 독자 여러분 곁에 닿은 이야기들이, 여러분의 마음 속 깊이 자리 잡아 오래도록 사랑받기를 진심으로 바랍니다. 이 모든 순간들이 모여 우리의 기억 속에 따뜻한 빛으로 남기를 소망하며, 앞으로도 변함없이 함께 할 그날을 기대합니다. 깊은 감사와 함께, 여러분의 삶에 작은 감동이 되기를 진심으로 기원합니다.

시집을 출간하면서 축하의 글*

꽃으로 피운 사랑의 시인

윤 외 기 (시인, 수필가)

꽃은 사랑을 닮았습니다. 만나고 피어나 지기까지, 그 모든 순간이 우리의 마음을 울리고 흔듭니다. 백향 김강회 시인의 첫 번째 시집은 바로 이런 꽃과 같은 언어로 엮어진 책입니다.

김강회 시인을 처음 만났을 때, 시인의 맑고 따뜻한 눈빛에서 이미 시의 빛깔을 보았습니다. 문학에 대한 겸손한 태도와 선후배님을 향한 따스한 마음은 곧 김강회 시인의 작품 속에 그대로 스며들어 있습니다. 시인을 매번 만날 때마다 느끼는 것은, 시인은 삶의 고통마저 꽃으로 피워낸다는 것입니다.

첫 번째 김강회 시인님의 주옥같은 시집 속에는 설레는 만남도 있고, 아픈 이별과 상처도 함께 스며들어 있지만, 김 시인은 상처를 외면하지 않았습니다. 오히려 실연의 아픔마저 꽃처럼 피워내어 다시 사랑으로 돌려줍니다.

김강회 시인의 시를 읽다보면 한 송이 꽃을 마주한 듯 마음이 따뜻해지면서도 저릿하게 흔들릴 때가 있습니다. 김 시인의 언어는 화려하지도 않지만 담백하고 솔직합니다. 꽃잎에 맺힌 이슬처럼 작지만, 선명하게 우리 삶 속에 사랑과 기다림, 그리움과 회복을 일깨워줍니다.

덕분에 김 시인의 이야기를 읽는 동시에, 지난 세월 동안에 겪었던 사랑과 인연을 되새기게 됩니다. 첫 시집만이 지닌 풋풋한 떨림은 오히려 더 큰 울림이, 가슴으로 다가올 것입니다.

앞으로 김강회 시인은 꽃과 사랑의 언어로 더 많은 이야기가 기대됩니다. 그래서 시집을 펼치는 독자마다 마음속에 작은 꽃 한 송이가 피어나기를 소망하며, 기쁜 마음으로 이 책을 권합니다.

시의 씨앗, 꽃이 되다

김강회 시인의 첫 시집 『詩 꽃을 품다』에 부쳐

장 지 연(시인)

하루의 숨결처럼 피었다 지는 꽃잎 하나에도,
삶의 이야기를 듣고 마음을 기울이던 사람.
그가 오랜 세월 흙과 바람 사이를 걸으며 가꿔온 것은 꽃이 아니라 '시'였는지도 모른다.
김강회 시인을 처음 만난 건,
그가 막 시의 세계에 첫발을 디디던 무렵이었다.
그의 눈빛은 한결같이 맑고, 그의 손끝은 늘 흙냄새가 배어 있었다.
시골 촌부의 순박한 마음으로, 꽃을 심듯 언어를 심고, 꽃을 바라보듯 시를 바라보았다.
그의 시는 꾸밈이 없다.
그러나 그 속에는 세상과 생명을 향한 깊은 경의와 기도가 있다.
그는 시를 통해 "사람이란 얼마나 아름다운 존재인가"를 끊임없이 묻고, 또 대답한다.
삶이란 결국 사랑이고, 기다림이고, 다시 피어나는 희망임을, 그의 시는 조용히 일깨워준다.

■ 꽃의 언어로 말하는 사람

『詩 꽃을 품다』에는 그의 이름처럼 향기로운 시들이 가득하다.
〈꽃 시인의 근원〉에서 그는 고백한다.
"비바람은 늘 시보다 먼저 다가왔다
등 돌리는 계절 앞에 나는 나조차 피워낼 수 없었다"
이 고백은 곧 그의 삶이자 시의 뿌리이다.
삶의 바람 속에서도 꺾이지 않고, 그저 묵묵히 흙을 일구며 다시 꽃을 피워온 사람.
그가 피워낸 시 한 줄 한 줄은 고통 속에서도 향기를 잃지 않으려는 인간의 존엄을 닮아 있다.
그의 시는 결코 멀리 있지 않다.
'진위천의 추억'에서는 어린 날의 웃음이 들리고,
'흙과 농부의 마음'에서는 한 줌 흙에 깃든 생명의 숨결이 느껴진다.
그 모든 장면이 시인의 삶에서 길어 올린 진심의 언어다.

■ 삶을 가꾸는 손, 시를 피우는 마음

김강회 시인은 세상과 다투지 않는 시인이다.
그는 소리치지 않고, 그저 묵묵히 시를 심는다.
그의 시는 구름 한 점, 꽃잎 한 장에도 감사의 마음을 품고 있다.
그것이 바로 김 시인이 걸어온 '시의 길'이며,
그가 믿어온 '삶의 윤리'다.
이 시집을 읽다 보면
마치 꽃이 피어나는 순간을 옆에서 지켜보는 듯하다.
한 송이의 피어남에는 눈물이 있고,
그 눈물 속에는 따뜻한 햇살이 스민다.
그는 슬픔을 노래하면서도 절망하지 않는다.
늘 그 끝에 희망의 빛을 피워 올린다.

■시는 결국 사랑이다, 그의 시는 사랑의 기록이다.

세상에 대한 사랑, 사람에 대한 연민,
그리고 자신을 키운 흙과 하늘에 대한 감사.
그는 시를 통해 사랑하는 법을 배우고,
사랑을 통해 시를 완성한다.
한 줄 시를 쓰기 위해
그는 꽃을 돌보듯 마음을 기르고,
세상의 고단한 하루에도
늘 향기를 놓지 않는다.
그의 시는 묻는다.
"당신은 오늘 어떤 꽃을 피웠는가."
그 물음 앞에서 우리 또한

잠시 멈춰 서서 마음을 들여다보게 된다.

■ 맺음의 글

김강회 시인님,
당신의 시집 『詩 꽃을 품다』는
하늘이 내린 한 송이 기도의 꽃입니다.
당신의 시가 이제 세상 곳곳에 피어나
누군가의 상처를 어루만지고,
지친 마음에 향기로 머물기를 바랍니다.
오랫동안 흙 위에서 꽃을 길러온 당신,
이제는 마음의 밭에서
언어의 꽃을 피워올리셨습니다.
그 향기 오래도록 시의 바람으로 남아
우리의 가슴 속에서도 피어나길 바랍니다.
"당신의 시가 향기이고,
그 향기가 곧 당신의 생애입니다."

새로움을 모색하는 미래지향의 시인

김 석 철 (문학 춘하추동 고문)

 백향 김강회 시인이 이번에 첫 시집 『詩 꽃을 품다』를 상재한다. 시인이 시집을 한 권 출간하는 일은 "집을 한 채 짓는 일과 같다"는 선배들의 말이 있다. 그만큼 어려운 일이기도 하지만 경사스러운 일이기도 하다.

 김강회 시인은 일찍이 『샘터문학』에서 시로 등단하였으며, 이어서 『문예마을』의 수필로 등단하여 지금까지 여러 문학단체의 임원으로 활동하는가 하면, 왕성하게 시와 수필을 창작하고 발표하면서 오늘에 이르고 있다. 김 시인은 마음 쓰임이나 언행, 그의 일상생활에서 건강한 시적인 뿌리를 발견할 수 있으니, 천품적으로 시인의 기질을 타고난 사람이며, 품 안에서 시를 오래 안고 익혀온 시인이다. 시는 마음속의 생각이나 느낌을 운율 있는 언어로 함축적으로 표현한 문학예술의 한 형태가 아니던가. 시는 삶의 경험에서 느끼는 감정이나 사상을 아름답고 감동적으로 전달하며, 읽는 사람에게 심상을 떠올리게 하고 깊은 통찰을 제공하는 역할을 한다.

김 시인은 시의 오브제를 주로 자신의 삶과 사회생활에서 찾고 있는 바, 그것들을 따스한 애정으로 포용하는 특성이 있으며, 평범한 일상에서 흔히 지나칠 수 있는 어떤 감각이나 감정일지라도 민감하게 착상하여 이미지화하는 시적 재능이 있는 시인이다. 시인은 우리 시대의 내면세계에서 빛을 오래오래 비춰줄 수 있는 정신적인 지주(支柱)가 될 것을 의심치 않는다.

 김 시인의 작품 세계는 현실을 직시하는 예리하고도 냉철한 시선으로 시상을 포착하여, 건강하고도 긍정적인 시 정신으로 새로움에 대한 모색과 시도를 꾸준하게 전개해 나가는 미래지향의 시인이다.
 요즈음 흔히 어렵게만 표현하려는 시에 비해 비교적 쉽게 읽히면서도 상징성이 깊은 의미를 담고 있는 이 시집에서는 시의 한 행 한 행이 꽃처럼 피어 세상의 슬픔에 귀한 향기가 되고 있음을 인지할 수가 있다. 저자가 '시인의 말'에서도 소망하고 있듯이 독자의 공감을 충분히 얻어낼 수 있다고 본다. 첫 시집 『詩, 꽃을 품다』의 출간을 축하 축하하는 바이다.

"詩 꽃을 품다". *

김 형 국(문예마을 작가회이사)

제 1집 출간을 축하합니다.

가수들이 무대 위에서 혼신을 다해 발라드를 부르듯, 시인 또한 마음의 노래를 시로 담아내는 사람입니다. 그 노래 한 곡, 그 시 한 편 속에는 수많은 시간의 연습과 노력, 그리고 진심이 깃들어 있습니다.
노래가 그렇듯, 시문학 또한 타고난 재능만으로는 완성될 수 없습니다. 오히려 99%의 땀과 열정이 더해져야 비로소 꽃을 피우는 감성의 예술입니다.

백향 김강회 시인은 그러한 노력을 몸소 보여주었고, 늦은 나이에 문학의 길에 들어서 신인문학상을 수상하고, 쉰을 넘긴 나이에 당당히 문단에 등단하셨습니다. 그 이후로 몇 해의 세월 동안, 동갑내기 친구로서 그의 삶을 가까이에서 지켜보며 참으로 많은 감동을 받았습니다.

이른 새벽부터 농장에서 꽃을 가꾸는 농부로, 전국 곳곳에 꽃길과 정원을 만드는 조경 전문가로 바쁘게 살아가면서도, 그는 시간을 내어 시를 씁니다. 꽃과 산, 들, 가족, 친구, 그리고 어머니의 추모 시까지 삶의 모든 순간을 시로 남기며 자신만의 시의 역사를 써 내려갑니다.
지칠 법한 밤에도 그는 펜을 놓지 않고 시어를 붙잡습니다. 그리고 늘 후덕하고 인심 좋은 성품 덕에, 그의 곁에는 늘 문우들의 발길이 끊이지 않습니다.

가수의 무대 위 노래가 오랜 연습 끝에 빛을 발하듯, 김강회 시인의 이번 첫 시집 "詩, 꽃을 품다"
그가 걸어온 인생의 땀과 열정이 피워낸 시의 꽃입니다.

친구로서, 그리고 문학을 사랑하는 한 사람의 시인으로, 이 뜻깊은 첫 시집의 출간을 진심으로 축하합니다. 앞으로도 친구의 시가 많은 이들에게 따뜻한 울림이 되기를 바랍니다.

詩, 꽃을 품다

초판 발행 2025년 11월 25일
지은이　김강회
펴낸이　고현숙
펴낸곳　문학춘하추동
초판발행　2025년 11월 25일
등록번호　제2023-000001호
주소　경남 하동군 횡천면 경서대로1140 (2층)
전화　055-884-5407/010-3013-2223
이메일　munhakcnsgce@hanmail.net

ISBN 979-11-991320-9-2
값 18,000원

이 책의 저작권은 저자에게 있습니다.
저자와 출판사의 허락 없이 내용의 일부를 인용하거나 발췌하는 것을 금합니다.